はじめてでもスイスイわかる！
経理「超」入門

1年目の教科書

監修　アクタス税理士法人　加藤幸人

ナツメ社

はじめに

「経理部に配属されたけど、どんな仕事をするのか事前に学べない だろうか?!」「簿記の資格を取ったので経理の仕事についてみたい けど、実際に経理の仕事はどんなことをするのだろう?」

　経理の仕事についたばかりの方や、経理の仕事につきたいと思っ ている方にとっては、経理って具体的にはどんな仕事をするのだろ うと、経理の仕事に対する期待や不安はつきないものです。

　本書は、簿記を学ぶというより、経理の実務を知っていただくた めに、経理を仕事の流れにそって解説しています。経理のお仕事を より身近にイメージしていただけると思います。

　また、経理初心者の方が日頃から疑問に思うような内容を取り上 げて、会話形式にしてわかりやすくまとめています。実務の疑問を 解決するために必要な経理知識や、業務を進める上での注意点も記 載しています。

　経理の仕事に限らず、初めてのことに取り組むとき、誰でも不安 を感じるものです。本書をお読みいただき、そんな不安を解消して、 安心して経理の仕事に取り組んでください。

　一人でも多くの方に、経理の仕事を好きになっていただくことを、 願っております。

アクタス税理士法人

加藤幸人

本書の特長と活用ポイント

1. 説明は、新米経理の素朴な疑問に答える会話形式。専門用語は最小限、親しみやすく、頭に入りやすい内容です。見やすいオールカラーです。

読みたいパートをすぐ探せるインデックス。

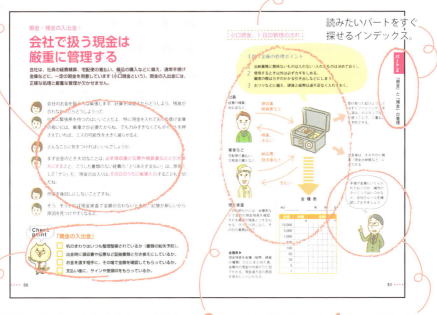

2. その項目の大切なポイントをチェックできます。その他、自社ルールなどを書き込んで確認する「書いておこう」もあります。

3. 各項目には必ず図表があり、ビジュアルで理解が進みます。

4. 先輩や上司、ネコ先生がポイントをアドバイス。

各パートはこんな内容になっています

プロローグ 経理の仕事の全体像や基本中の基本がわかります。

パート1 経理の仕事につきものの、仕訳や勘定科目の初歩をまとめています。

パート2 経理が毎日行う仕事を確認できます。

パート3 経理が1か月ごとに行う代表的な仕事を確認できます。

パート4 社員の給与計算と年末調整についてまとめています。

パート5 年に一度行う決算業務の基本がわかります。

オールカラー
はじめてでもスイスイわかる！
経理「超」入門 もくじ

はじめに ……………………………………… 2
本書の特長と活用ポイント ………………… 3

巻頭マンガ
経理は、会社を支える
大事な仕事！ ………………………………… 9

プロローグ　経理の仕事 基本のキホン

経理の仕事・業務の内容と流れ　仕事のスケジュールをしっかり管理する
　　　　　　　　　　　　　　　　　　　　　……………… 14
経理の仕事・心がまえ　会社の重要情報を扱っているという意識を …… 16
経理で扱う書類　日々扱う「書類」の役割を理解しておこう ……… 18
経理の基本ルール①　金額や計算を間違えないための基本ポイント …… 20
経理の基本ルール②　書類によって押す印鑑の種類は異なる ……… 22
会社の帳簿　帳簿にはいろいろな種類がある ……………… 24
経理力をもっと高めよう　ビジネス敬語の基本 ……………… 26

4

パート1　経理の入門知識編
「簿記」と「仕訳」

マンガ	仕訳によって、お金の動きが正確にわかる	28
複式簿記	会社の帳簿は「複式簿記」で記録する	30
仕訳	「仕訳」の考え方を身につけよう	32
勘定科目	「勘定科目」は必要なものからおぼえよう	34
勘定科目チェックリスト①	「資産」は、現金やお金に換えられる会社の財産	36
勘定科目チェックリスト②	返さなければならない「負債」、返す必要のない「純資産」	38
勘定科目チェックリスト③	「費用」は、収益を得るために使ったお金	40
勘定科目チェックリスト④	「収益」は、事業活動によって手に入れたお金	42
経理力をもっと高めよう	電卓をフルに使いこなす	44

パート2　毎日の仕事編
「現金」と「預金」の管理

マンガ	現金と預金の扱いは、すばやく正確に	46
経理の1日とスケジュール	1日の仕事の流れをつかんでおこう	48
現金・預金の入出金①	会社で扱う現金は厳重に管理する	50
領収書	領収書はお金のやりとりに欠かせない重要書類	52
集中コラム	5万円以上の領収書には印紙税がかかる	54
入出金の帳簿入力①	現金が動いたら現金出納帳に入力する	56
伝票の知識	入金伝票、出金伝票、振替伝票を使い分ける	58
現金・預金の入出金②	会社の預金口座には主に4つの種類がある	60
入出金の帳簿入力②	現金と預金の二重計上に要注意	62

- 経費の処理ポイント① 領収書のない経費は「支払証明書」をつくる …… 64
- 経費の処理ポイント② 「仮払金の精算はすみやかに」を周知する ……… 66
- 経費の処理ポイント③ 立替経費精算書を使って経費処理を効率的に … 68
- 経費の処理ポイント④ 迷いやすい「交際費」をしっかり区別する …… 70
- 集中コラム 交際費の税金が平成26年から変わった！……………………… 72
- 経費の処理ポイント⑤ 備品には「固定資産」になるものがある ……… 74
- 小切手 小切手を受け取ったらすばやく現金化する ……………………… 76
- 手形 受け取った手形は期日を確認、しっかり保管 ……………………… 78
- 集中コラム 小切手と手形の1歩先の知識 ………………………………… 80
- 帳簿のチェック 帳簿入力のミスやもれを予防、早期発見するコツ … 82
- 経理力をもっと高めよう 困ったときはここへ連絡 ……………………… 84

パート3 1か月ごとの仕事編① 「売上」と「仕入」の管理

- マンガ 会社の利益確保にしっかり貢献 …………………………………… 86
- 売上の管理 「売上が上がるしくみ」を頭に入れる ……………………… 88
- 請求書の作成 請求書は決まったタイミングで発行する ………………… 90
- 売上の帳簿入力 入金を確認したら帳簿ですぐ「消し込み」…………… 92
- 仕入の管理 仕入内容と金額は納品時と請求時にチェック ……………… 94
- 仕入の帳簿入力 買掛金は仕入先別にまとめておく ……………………… 96
- 消費税の処理 消費税が課税される取引、されない取引がある ………… 98
- 集中コラム 預かった消費税と支払った消費税の差額を納める ………… 100
- パソコン会計のメリット 簡単・便利だが入力ミスに気をつける …… 102
- 書類の整理、ファイリング 書類のファイリングは「誰でも探せること」が大事 ・104

書類の保存期間　会社の書類は一定期間保存する義務がある ………… 106

月次決算①　毎月の業績をすばやくまとめる ………………………… 108

月次決算②　試算表は会社の経営判断に活用される ……………… 110

債権管理　回収の遅れは関係部署とすぐ相談 ……………………… 112

経理力をもっと高めよう　知っていると便利なショートカットキー ………… 114

パート4　1か月ごとの仕事編②　「給与計算」と「年末調整」

マンガ　毎月の給与計算は計画的にこなそう ……………………… 116

給与計算の仕事　給与計算にかかわるスケジュールをチェック ………… 118

給与明細書　給与明細書がわかれば給与計算もわかる ……………… 120

給与から差し引くもの（控除）①　年金や健康保険の保険料は必ず差し引く 122

給与から差し引くもの（控除）②　雇用保険料は会社と社員、労災保険料は会社が負担する … 124

給与から差し引くもの（控除）③　源泉徴収税額表の見方をマスターする …… 126

給与から差し引くもの（控除）④　住民税は前年分を月割りにして天引きする … 128

集中コラム　社会保険料は年に一度見直しが行われる …………………… 130

給与の帳簿入力　控除するお金の勘定科目は「預り金」 ……………… 132

賞与の支払い　賞与からも税金と社会保険料を差し引く ……………… 134

集中コラム　社員の入社・退職時の経理手続きの注意点 ………………… 136

年末調整の流れとスケジュール　1年間の税金の過不足を調整する …… 138

年末調整の必要書類　必要書類は期日までに提出してもらう ……………… 140

源泉徴収票（給与支払報告書）　源泉徴収票は市区町村や税務署にも提出する … 142

経理力をもっと高めよう　給与計算の変更ポイントをチェック ………………… 144

7

パート5　1年ごとの仕事編
「決算」の流れと「決算書」

マンガ　決算業務って何をするの？ ──────────────── 146

決算の流れとスケジュール　決算期は経理が最も忙しい時期 ────── 148

決算整理　決算日時点でいったん帳簿を締め切る ──────────── 150

棚卸　1年間の正確な利益を計算できる ───────────────── 152

減価償却　当期の経費に加える「減価償却費」を計算する ──────── 154

引当金　「将来発生するであろう費用」に備える ───────────── 156

経過勘定　収益や費用を当期に入れるか翌期に入れるか区別する ─── 158

集中コラム　決算整理が終わったら金額を最終チェック ──────── 160

決算書　1年間の会社の成果を決算書にまとめる ───────────── 162

損益計算書　1年間の「もうけ」から会社の経営成績がわかる ───── 164

貸借対照表　決算日時点の会社の財政状態を表す ──────────── 166

税金の申告と納付　決算終了後は法人税などの税金を納める ─────── 168

経理力をもっと高めよう　マイナンバー制度の知識 ──────────── 170

巻末付録　❶経理担当者が知っておきたい 税金の基礎知識

会社をとりまく税金 ──── 172　　　法人税 ──── 173

法人住民税／法人事業税 ──── 175　　　所得税（源泉所得税）──── 176

消費税 ──── 178　　　その他の税金 ──── 180

❷経理の仕事・おさらい編

重要キーワードさくいん ───────────── 186

経理の仕事・おさらい編【解答】──────── 190

おわりに ─────────────────── 191

注・本書の情報は、原則として平成28年5月現在の法令等に基づくものです。

プロローグ

経理の仕事
基本のキホン

必ず押さえたいポイント／キーワード

- 仕事の流れ
- 証ひょう
- 印鑑
- 帳簿

経理の仕事・業務の内容と流れ
仕事のスケジュールをしっかり管理する

経理の仕事の基本は、日々のお金の出入りを管理して、帳簿に入力していくことです。これに、一定期間ごとに行う仕事が加わります。自分の担当業務を把握するとともに、しっかりスケジュールを立てることが大切です。

仕事の全体像をつかむ

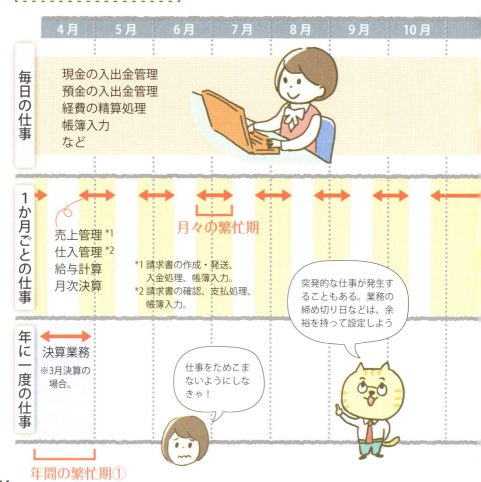

| | 4月 | 5月 | 6月 | 7月 | 8月 | 9月 | 10月 |

毎日の仕事
現金の入出金管理
預金の入出金管理
経費の精算処理
帳簿入力
など

1か月ごとの仕事
売上管理 *1
仕入管理 *2
給与計算
月次決算

月々の繁忙期

*1 請求書の作成・発送、入金処理、帳簿入力。
*2 請求書の確認、支払処理、帳簿入力。

突発的な仕事が発生することもある。業務の締め切り日などは、余裕を持って設定しよう

年に一度の仕事
決算業務
※3月決算の場合。

仕事をためこまないようにしなきゃ！

年間の繁忙期①

最初のうちは、目の前の仕事をおぼえることで手いっぱいかもしれないけど、仕事の全体像を早めにつかもう。その上でできるだけ正確な1日ごとの予定を立てて、それにしたがって進めるんだ。「何となく」で進めていると、仕事に追われるばかりだよ。

予定通り進めるには、個々の仕事を手早くやらないといけませんね。

ただし、雑な仕事は後で確認や修正に時間がかかって、結局自分の首をしめる。忙しくてもていねいな仕事を心がけよう！

プロローグ　経理の仕事　基本のキホン

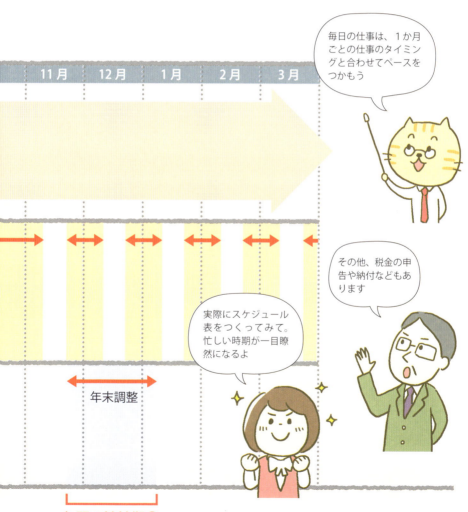

経理の仕事・心がまえ

会社の重要情報を扱っているという意識を

スムーズに仕事を進めていくためには、社内・社外など、周囲の人たちとよい協力関係を築くことが欠かせません。「会社のお金を扱うという重要な役割を担っているんだ」という責任感を持って、仕事にのぞみましょう。

経理担当者の心がまえ4か条

1 「報・連・相」はすべての仕事の基本

業務の進捗状況はこまめに上司や先輩に報告する。伝達事項はすみやかに相手に連絡する。わからないことや困ったことはすぐに相談する。

2 社内・社外と積極的にかかわる

経理の仕事では、社内の他部署、取引先、金融機関、税理士などの専門家など、さまざまな相手とかかわる。日ごろからていねいなコミュニケーションを心がけ、良好な関係を築いておく。

自分がいっぱいいっぱいだと、他者への気づかいがおろそかになりがち。適切なスケジュール管理で心に余裕を

最初のうちはわからないことも多いよね。上司や先輩に確認したり尋ねたり、**こまめにコミュニケーションをとって仕事をおぼえよう。**

1人で考え込んでも、正しく解決できるとは限らないですもんね。

仕事のミスもすばやく報告し、今後同じミスを繰り返さないよう対策を練ろう。**責任を持って、正確な仕事をすることを心がけること。**経理の仕事がずさんでは、会社に大きな損害をもたらすことにもなるよ。

なんだか緊張してきました。

社内・社外の関係者と協力しながら仕事をしていくなかで、次第に信頼されるようになる。**めざすは「頼られる経理」**だ。

3 業務内容は他言厳禁

経理担当者は、売上、給与、借金、契約など、会社の重要な情報に接することになる。こうした情報は、社外はもちろん社内でもうかつに話してはならない。

パソコン画面をつけたまま離席しないなど、情報管理もしっかり

4 ステップアップの気持ちを持とう

税金や社会保険は、毎年さまざまな改正が行われる。こうした情報には常に目を光らせておく。勉強して、帳簿や決算書の数字の意味を読み取れるようになれば、業務への理解が深まり、仕事の幅も広がっていく。

プロローグ　経理の仕事　基本のキホン

経理で扱う書類

日々扱う「書類」の役割を理解しておこう

経理の仕事では、日々さまざまな書類と接します。扱っている書類の意味や役割を知っておくことは、仕事をこなすための大前提です。特に、取引などを証明する書類（証ひょう）は、適切に扱うことが必要です。

証ひょうには、支払いの証拠になる領収書や、代金の支払いを求める請求書など、さまざまなものがあるよ。他社から受け取るものばかりでなく自社が発行するものもある。他社から受け取る証ひょうは、サイズや体裁もまちまちなので、読み取るポイントを押さえておこう。

デスクに次々と書類が増えて、混乱しそうです。

書類を上手に整理することも、経理の重要な仕事の一部だよ。特に、支払いや帳簿入力などの処理が済んだものと済んでいないものは、はっきり区別しておくこと！

後でまとめて…とか思っていると、かえってたいへんになりそうですね。すばやく処理していくよう気をつけます。

デスク回りは整理整頓！

できるだけ、よけいなものは置かない。

モノは定位置を決めて、使うたび元に戻す。

終業時にはすべてかたづけてから退社。

書類は、ラベルをつけたファイルや仕分けトレイなどで区別して管理すると便利。

受け取った書類の「何となく放置」はダメ

代表的な「証ひょう」とその役割

自社発行分の請求書や納品書、注文書、領収書などは、控えを保存するんだ

プロローグ　経理の仕事　基本のキホン

見積書
取引を始める前に、商品などの内容や金額、条件を提案する書類。

注文書
商品などを注文する書類。商品の内容や数量が記載される。

納品書
納めた商品の内容や数量を記載した書類。

請求書
商品などの支払いを求める書類。納品書とまとめる場合もある。

領収書
現金などによる支払いを証明する書類。レシートで代用されることもある。

預金通帳
銀行が発行する、預金者であることを証明する書類。預入・払戻・残高が記載される。

小切手控え（小切手帳）
手形控え（手形帳）
小切手や手形を発行したとき手元に残る控え。

契約書
取引の内容や条件など、双方の合意内容を証明する書類。

処理が終わった証ひょうはどうすればいいですか？

→

後日、帳簿の金額が正しいか確認することがあるし、税金の申告後に、税務調査で過去の証ひょうを調べられることもある。会社のルールにしたがって保存が必要だよ

経理の基本ルール①
金額や計算を間違えないための基本ポイント

お金や数字を正確に扱うことは、経理業務の基本中の基本です。数字は後で読み誤らないようていねいに書く、お金は手早く正確に数えるなど、基本スキルをしっかり身につけましょう。

数字や金額の書き方ポイント

●読みやすい字を心がける

訂正に備えて、スペースの上1/3程度はあけておく。

1 2 3 4 5 6 7 8 9

●まぎらわしい書き方に注意

【1? 7?】 1 7 【6? 0?】 6 【9? 0?】 9

知っておこう！

訂正に修正液はNG

伝票や証ひょうなどで数字を訂正するときは、誤った金額を二重線で消し、上部などあいたスペースに正しい金額を記入する。修正液などは使わないこと。誤った数字だけでなく、金額全体を訂正する。

6,200
~~5,800~~ ㊞

訂正印を押す

●数字は3ケタごとにカンマを入れる

10,000,000,000

十億　百万　千

ケタの位置で、すぐ金額を読み取れるようにしておこう

●「千円」表記にも慣れる

10千円＝　1万円
100千円＝　10万円
1,000千円＝100万円

パソコンへの入力作業が増えているとはいえ、手書きで書類を作成することも多いよね。このとき数字の書き方には要注意。クセ字や汚い字は、後で自分や他人が読み誤ることがある。

気をつけて、ていねいに書きます。

金額を書くときは、3ケタごとにカンマ（,）を入れる習慣もつけたほうがいいよ。伝票などに書くときは、消せる筆記用具などではなく、黒のボールペンを使うこと。

手早くお札を数える方法も、身につけておきたいところです。確認のため、必ず2回数えるようにしましょう。現金を入れておく手提げ金庫の中は、金種（紙幣、硬貨の種類）ごとに整理しておくことも大切ですよ。

手早いお札の数え方（縦読み・右利きの場合）

1 お札をそろえて、左手の中指と薬指の間にはさむ。

お札をややずらす。

2 お札を向こう側に曲げ、左手の親指でお札を軽く押さえる。

3 右手の親指と人差し指・中指でお札の上部をはさみ持つ。

お札の真ん中あたりを押さえる。

この間に薬指を入れる。

練習すれば、だんだんうまくなるよ

4 右手の親指でお札を下へずらし、薬指で手前にはじく。薬指はすぐ元の位置に戻す。

5 以下、4を繰り返す。

プロローグ　経理の仕事　基本のキホン

経理の基本ルール②

書類によって
押す印鑑の種類は異なる

書類を扱うには、印鑑の知識は必須。会社では、いくつかの印鑑を使い分けます。どんな書類にどの印鑑を押すのか、あるいは誰の押印が必要なのかなど、印鑑についてのルールはしっかりおぼえておきましょう。

なぜ印鑑が必要な書類があるんですか？

押印することで、その書類に対する会社やその人の責任を明らかにするんだ。会社の印鑑にはいくつかの種類があって、**書類の内容によって使い分ける**必要があるよ。経理でいちばんよく使うのは、請求書などに押す角印だね。その他、伝票などの社内書類でも、責任者や起票者個人の押印が必要な書類もある。扱い方をしっかり理解しておこう。

印鑑は、大切なものなんですね。

そう。だから**会社の印鑑は、管理も厳重にしないといけない**。管理者を決めた上で、カギのかかる金庫などに入れておくんだ。社外へ持ち出すのも原則としてNGだよ。

印鑑は承認手続きにも使われる

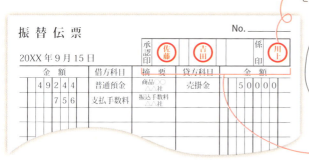

押印やサインにより、書類の内容をチェック、承認したことを示す。

必要な押印が抜けていたら、起票者（担当者）に戻して必要な承認を受けてもらいます

起票者（担当者）、部門責任者、経営者など、書類により必要な押印の相手や人数は異なる。

会社の印鑑の種類

名称		役割	用途
会社代表印（実印）		法務局に届け出て印鑑登録をした印鑑。	・契約書（重要なもの） ・税務申告書などの法的文書 など
銀行印（届出印）		事前に金融機関に届け出て登録した印鑑。金融機関とのやりとりで用いる。	・預金の出し入れ ・小切手や手形の振り出し など
角印（社印）		会社の認印（印鑑登録などはしていない）。	・請求書 ・注文書 ・領収書 など
ゴム印（社判）	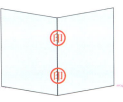	手書きの煩雑さを避けるため、会社の住所、名称、代表者名、電話番号などを印鑑にしたもの。	・契約書（実印などとともに） ・請求書など（角印などとともに）

プロローグ　経理の仕事　基本のキホン

知っておこう！

印鑑にはこんな使い方もある

契印（けいいん）
文書が複数枚にわたる場合、連続することを示すため、その境目に押印する。

割印（わりいん）
2枚の文書（原本と写しなど）が、同じものであることを示すため、両方にかかる位置に押印する。

捨印（すていん）
文書に訂正などが生じたときに備え、前もって欄外に押しておく訂正印。

会社の帳簿

帳簿にはいろいろな種類がある

帳簿とは、会社の取引によるお金の動きを記録する書類です。扱う帳簿の種類は会社によって異なりますが、主要簿（総勘定元帳と仕訳帳）は必須です。日々の帳簿入力の積み重ねの集大成が決算（→パート5）になります。

帳簿はどうやってつくるんですか？

会計ソフトを使う会社が多いよ。仕訳（→32ページ）入力する場合や、現金出納帳などの補助簿から入力する場合もある。主要簿は必ずつくらなければならない帳簿、補助簿は主要簿を補完する帳簿なんだ（→右ページ）。

主要簿（総勘定元帳や仕訳帳）は、どうつくるんですか？

以前は、帳簿から手書きで転記してつくっていたんだ。現在は、会計ソフトにより仕訳入力すれば、関連する帳簿に自動転記される。総勘定元帳や仕訳帳も自動的につくることができるよ。

すごいですね！

だから経理が気をつけないといけないのは、**入力段階でミスをしない**ということなんだ。

帳簿入力の流れ

プロローグ　経理の仕事　基本のキホン

帳簿には主要簿と補助簿がある

主要簿
必ずつくらなければならない帳簿

仕訳帳
すべての取引を、仕訳により発生順にまとめたもの。会計ソフトなら自動作成できる。

総勘定元帳
すべての取引を勘定科目別にまとめたもの。会計ソフトなら自動作成できる。

補助簿
必要に応じてつくられる帳簿

補助簿の入力データは、すべて主要簿に反映される

その他、固定資産を管理する固定資産台帳、手形を管理する手形台帳、経費を管理する経費帳など。会社によってつくる補助簿の種類は違うよ

例

現金出納帳
現金による取引を管理するためにつくる。

預金出納帳
銀行口座を通した取引を管理するため、口座別につくる。

得意先元帳
得意先別の売掛金を管理するためにつくる。

仕入先元帳
仕入先別の買掛金を管理するためにつくる。

自社で使っている帳簿を書いておこう

1 _____ 2 _____
3 _____ 4 _____
5 _____ 6 _____
7 _____ 8 _____

25

経理力をもっと高めよう

ビジネス敬語の基本

　仕事を円滑に進めるためには、社外、社内かかわらず、周囲の人たちと良好な関係を築くことが重要です。コミュニケーションの基本はあいさつです。明るい声で「おはようございます」「行ってまいります」「お疲れさまです」など、はきはきと笑顔で声をかけることは、周囲との円滑なコミュニケーションの第一歩です。

　また、社会人としてつたない言葉づかいは、相手を不愉快にさせることにもなりかねません。敬語など、正しい言葉づかいを身につけましょう。

間違いやすい敬語の例

（外部の目上の相手に） ✕「了解しました」 →	◯「かしこまりました」 「承知いたしました」	「了解」はなるべく目上には使わない。
（目上の相手に） ✕「ご苦労様です」 →	◯「お疲れさまです」	「ご苦労様」は目下に使う表現。
✕「〜でよろしかったでしょうか」 →	◯「〜でよろしいでしょうか」	✕は不自然な表現（実際に過去のことを尋ねる場合を除く）。
✕「〜にうかがってください」 →	◯「〜にお尋ねください」	✕は謙譲表現なので、自分の行為に使う。
✕「すいませんが〜」 →	◯「恐れ入りますが〜」	◯がよりていねいでふさわしい表現。
✕「おっしゃられました」 →	◯「おっしゃいました」	✕はいわゆる二重敬語で誤り。

パート 1

経理の入門知識編

「簿記」と「仕訳」

必ず押さえたいポイント／キーワード

複式簿記	仕訳	勘定科目
資産	負債	純資産
費用	収益	

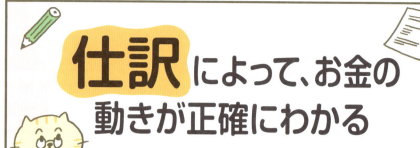

複式簿記

会社の帳簿は「複式簿記」で記録する

会社は、日々の事業活動に関するお金の動きをすべて記録・集計し、決算時に、決算書をまとめることになります。この記録・集計は、複式簿記という方法で行います。

複式簿記とはどんなものですか。

簿記には「単式簿記」と「複式簿記」の2つがある。単式簿記は、取引を1つの勘定科目にしぼって記録する方法。複式簿記は、取引の2つの面（〈原因〉と〈結果〉）に注目して、「仕訳」という方法で両方を記録するんだ。会社の帳簿は、複式簿記でつけるんだよ。

どうして複式簿記を使うんですか？

会社には、詳細なお金の記録が求められるためだ。年に一度つくることが義務づけられている決算書（→162ページ）も、複式簿記でなければつくれない。簿記の最終目的は、この決算書をつくることでもあるんだ。

決算のためなんですね。

それだけじゃなく、会社が事業を続けていくためには、お金の動きを正確に把握して分析する必要がある。そのためにも複式簿記は必須なんだ。

取引の2つの面とは？

【取引の例】
1万円の商品を売った

〈原因〉
1万円の商品を売り上げた

この取引には次の2つの面がある

〈結果〉
1万円を手に入れた

すべての取引にはこうした2つの面があり、複式簿記ではどちらも記録するんだ

単式簿記と複式簿記の違い

単式簿記の例

収入金額と支出金額を記入して、残高を計算する。

- 収入と支出を、そのつど記録するだけなので簡単。
- 金額の正確性がやや不安（売上1万円を2万円としていても、帳簿上からは正誤の判断ができない）。

月日	No.	勘定科目	摘要	収入	支出	差引残高
05/08	001	前月繰越				60,000
05/08	002	普通預金	現金補充	140,000		200,000
05/09	003	消耗品費	コピー用紙○○○等		500	199,500
05/11	004	仮払金	出張旅費 山本一郎		10,000	189,500
05/15	005	新聞図書費	4月分 ○○新聞代		3,000	186,500
05/15	006	通信費	切手代(82円・100枚)		8,200	178,300
05/31	020	翌月繰越				98,300
		5月合計		290,000	191,700	98,300

これは現金出納帳（→ 56ページ）といって、現金の入出金で使う帳簿だ。個人の家計簿などが単式簿記になるよ

これは振替伝票（→ 58ページ）。複式簿記には欠かせない伝票だけど、紙ではなく、そのまま会計ソフトに入力することも多いよ

複式簿記の例

取引を借方と貸方の2か所に記入する。

```
振 替 伝 票                    No. ____
20XX年9月15日
金額    借方科目  摘要    貸方科目   金額
49244   普通預金  商品    売掛金    50000
  756   支払手数料 振込手数料
                    合 計          50000
```

- 取引を2つに分けて記録する。
- 正確に記帳できる（売上1万円を2万円にすると、対応する売掛金などと整合しないのでミスに気づきやすい）。

知っておこう！

簿記における「取引」とは

簿記における取引とは、会社の資産や負債、資本が動くやりとりのこと。お金を紛失した、備品を盗まれた、火事で事務所が焼けたという場合も取引となる。契約書をかわすといったやりとりは、資産や負債、資本の動きがないため、簿記における取引とはならない。

社員の給与だって、帳簿に記録が必要な取引なんだよ

仕訳

「仕訳」の考え方を身につけよう

取引を帳簿に記録するときには、複式簿記のルールである「仕訳」を起こします。仕訳によって、1つの取引を「借方」「貸方」で表示していきます。まずは、仕訳の基本パターンを押さえましょう。

借方、貸方って何ですか？

仕訳で、取引の2つの面を区別する用語だよ。実務的には、仕訳の左側が借方、右側が貸方とおぼえておこう。取引は勘定科目（→34ページ）という区分を使って整理するんだけど、その増減によって、借方、貸方のどちらに入れるかが変わるんだ。たとえば、現金が増えたら借方に「現金」、現金が減ったら貸方に「現金」を入れるんだ（→くわしくは34ページ）。会計ソフトが普及して、以前より経理の仕事のハードルは下がったけど、やっぱり仕訳の知識は大切だよ。

取引の2つの面（→30ページ）といっても、いざ領収書や請求書を目の前にすると、よくわからなくなります……。

難しく考えず、まずは、よく使う仕訳のパターンをおぼえてしまおう。そのほかの仕訳は、先輩たちがつくってきた帳簿などを参考にしながら、勉強していくといいよ。

仕訳を手早く理解するポイント

1 借方、貸方がわかりにくければ、左、右でおぼえてもOK

2 よく使う仕訳は限られているので、パターンをおぼえる

※金額は例。

まずおぼえる3パターンの仕訳

仕訳の体裁は、使っているソフトなどで多少違うよ

1 現金の入出金

受け取り時 ／ 必ず使う勘定科目「現金」

借方	貸方
❶ 現金　200,000	❷ ＿＿＿＿＿＿　200,000

手順
❶ 借方（左）に「現金」を入れる。
❷ 反対側（貸方・右）に、受け取りの内容を示す勘定科目を入れる。

支払い時 ／ 必ず使う勘定科目「現金」

借方	貸方
❷ ＿＿＿＿＿＿　15,000	❶ 現金　15,000

手順
❶ 貸方（右）に「現金」を入れる。
❷ 反対側（借方・左）に、支払いの内容を示す勘定科目を入れる。

2 売上と仕入

売掛金、買掛金の扱いはパート3でくわしく解説するよ

売上の計上 ／ 必ず使う勘定科目「売上」

借方	貸方
❷ ＿＿＿＿＿＿　300,000	❶ 売上　300,000

手順
❶ 貸方（右）に「売上」を入れる。
❷ 反対側（借方・左）に、売上の回収方法を示す勘定科目を入れる（「売掛金」「現金」など）。

仕入の計上 ／ 必ず使う勘定科目「仕入」

借方	貸方
❶ 仕入　200,000	❷ ＿＿＿＿＿＿　200,000

手順
❶ 借方（左）に「仕入」を入れる。
❷ 反対側（貸方・右）に、仕入の支払方法を示す勘定科目を入れる（「買掛金」「現金」など）。

3 経費

費用の勘定科目は、よく使うものからおぼえていこう（→ 40ページ）

経費の計上 ／ 必ず使う勘定科目「経費（費用）」の勘定科目

借方	貸方
❶ ＿＿＿＿＿＿　10,000	❷ 現金　10,000

手順
❶ 経費（費用）の勘定科目を借方（左）に入れる（「旅費交通費」など）。
❷ 経費の支払方法を示す勘定科目を貸方（右）に入れる（「普通預金」「現金」など）。

勘定科目

「勘定科目」は
必要なものからおぼえよう

勘定科目とは、取引を帳簿に記録するときに、取引を整理・分類するために使われる名称です。最終的には、勘定科目ごとに帳簿の金額をまとめ、決算書をつくることになります。

仕訳の起こる取引はすべて、いずれかの勘定科目を使って帳簿に入力するんだ。正しい勘定科目を使うことで、会社の正確な実態を把握できる。勘定科目は、その性格に応じて5つのグループに分けられているよ（→下図）。

でも、毎日の帳簿入力では、勘定科目のグループなどは気にしなくてもいいのでは？

うーん。仕訳には、資産か費用の勘定科目が増えたら借方に入れる、負債や収益の勘定科目が増えたら貸方に入れるといったルールがあるんだ。こうしたルールを無視した仕訳では、会社の実態をつかむことができなくなってしまうんだ。

最初のうちはピンとこないでしょう。まずは、頻繁に使う勘定科目から順に、グループを意識しておぼえていくことですね。

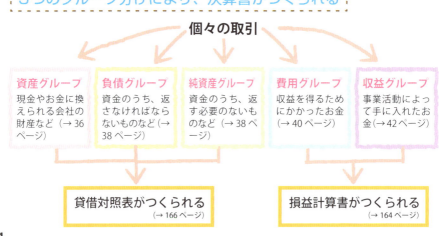

5つのグループ分けにより、決算書がつくられる

勘定科目で判断する仕訳の原則

仕訳のとき入れる位置（借方か貸方か）は、勘定科目のグループとその金額の増減によって変わるんだ

左側　借方	右側　貸方
資産の勘定科目の金額が増えるとき	資産の勘定科目の金額が減るとき
負債の勘定科目の金額が減るとき	負債の勘定科目の金額が増えるとき
純資産の勘定科目の金額が減るとき	純資産の勘定科目の金額が増えるとき
費用の勘定科目の金額が増えるとき	費用の勘定科目の金額が減るとき
収益の勘定科目の金額が減るとき	収益の勘定科目の金額が増えるとき

知っておこう！

勘定科目は会社によって違う？

勘定科目の種類や名称はおおよそ決まっているが、会社によって異なる名称や、独自の科目を加えている場合もある。自社の勘定科目をしっかりおぼえよう。

次のページから、それぞれのグループについて解説するよ

パート1　「簿記」と「仕訳」

勘定科目チェックリスト①
「資産」は、現金やお金に換えられる会社の財産

資産は、会社の持つ現金・預金や商品、建物、設備など、つまり会社の「財産」です。資産には、貸付金などの債権（お金を受け取る権利）も含まれます。資産グループの勘定科目は、決算書では貸借対照表に入ります。

会社の財産ということは、資産が多いほど会社にはお金がたくさんあるということですか？

ざっくりいうとそうだね。現金や預金、売掛金などは、日々出たり入ったりするから、これらの勘定科目は毎日使うことになる。資産の勘定科目の扱い方は、これらが出てくる仕訳でマスターしよう。仕訳ルールは**「資産の勘定科目が増えるときは借方に入れる、減るときは貸方に入れる」**だ。

資産の勘定科目が借方に入る仕訳で、財産が増えるんですね！

資産グループの勘定科目をおぼえよう

☐ 現金	現金（硬貨、紙幣）	☐ 前払費用	営業取引以外で前払いしたお金
☐ 普通預金	銀行の普通預金口座に預けたお金	☐ 貸付金	貸したお金（債権）
☐ 受取手形	受け取った手形	☐ 仮払金	金額などが未確定の経費の前渡し金
☐ 売掛金	売上の取引でまだ受け取っていないお金	☐ 商品	仕入をしてまだ売れていない在庫
☐ 有価証券	株式や債券など	☐ 建物	購入した事務所、工場、店舗など
☐ 未収入金	売上以外の取引でまだ受け取っていないお金	☐ 器具備品	会社で使用する机やイス、応接セットなど
☐ 前渡金	営業取引で前払いしたお金	☐ 車両運搬具	会社で使用する乗用車やトラックなど

資産グループの勘定科目の仕訳例

商品を仕入れて、代金1万円を現金で支払った

［この取引で使う勘定科目］　1万円の商品を仕入れた→「仕入」
　　　　　　　　　　　　　　1万円を現金で支払った→「現金」

借方	貸方
仕入　10,000	現金　10,000

「現金」が減ったので貸方に入れる

会社の普通預金口座から15万円を引き出した

［この取引で使う勘定科目］　15万円を普通預金口座から引き出した→「普通預金」
　　　　　　　　　　　　　　手元に15万円の現金が増えた→「現金」

借方	貸方
現金　150,000	普通預金　150,000

「現金」が増えたので借方に入れる　　　「普通預金」は減ったので貸方に入れる

現金出納帳のヒミツ

　現金の入出金を記録するとき、「現金出納帳」という帳簿を使う場合がある（→56ページ）。この帳簿では、支払いや受け取りの内容を示す勘定科目とその金額、残高を記録して、上図のような仕訳は行わない。
　会計ソフトの現金出納帳に入力すると、一方の勘定科目が「現金」と決まっているため、自動的に複式簿記の仕訳を行ってくれる。
　同様の形式の帳簿に「預金出納帳」や「得意先元帳」「仕入先元帳」などがある。

勘定科目チェックリスト②
返さなければならない「負債」、返す必要のない「純資産」

負債は、事業のために借り入れた会社の借金などです。買掛金などの債務（代金を支払う義務）も含まれます。純資産は、会社の元手である資本金やこれまでに蓄えた会社の利益です。いずれも、決算書では貸借対照表に入ります。

 会社が事業のために調達した資金のうち、負債はいずれ返さなければならないお金、純資産は返す必要のないお金ということができるよ。

 負債が多すぎると、経営に問題ありですね。

 そう。借入金だけでなく、買掛金も要注意。負債の仕訳ルールは「負債の勘定科目が増えるときは貸方に入れる、減るときは借方に入れる」だ。

 純資産の仕訳はまだ見たことがありません。

 純資産の仕訳は日常的にはあまり出てこないね。仕訳ルールは「純資産の勘定科目が増えるときは貸方に入れる、減るときは借方に入れる」だよ。

負債と純資産グループの勘定科目をおぼえよう

負債グループ

- ☐ 買掛金　仕入の取引でまだ支払っていないお金
- ☐ 未払金　仕入の取引以外でまだ支払っていないお金
- ☐ 前受金　前払いされたお金
- ☐ 預り金　一時的に預かったお金
- ☐ 支払手形　振り出した手形の金額
- ☐ 借入金　返済義務のあるお金

純資産グループ

- ☐ 資本金　出資を受けたお金
- ☐ 利益剰余金　会社が蓄えている利益の額

貸方に入る貸借対照表の項目はこの2つ

負債グループの勘定科目の仕訳例

7万円の商品を仕入れた（代金は後日精算）

［この取引で使う勘定科目］　7万円の商品を仕入れた→「仕入」
　　　　　　　　　　　　　　7万円の買掛金が発生した→「買掛金」

借方	貸方
仕入　70,000	**買掛金　70,000**

「買掛金」が増えたので貸方に入れる

借入金40万円を返済した（振込）

［この取引で使う勘定科目］　40万円を振り込んだ→「普通預金」
　　　　　　　　　　　　　　40万円の借入金を返した→「借入金」

借方	貸方
借入金　400,000	普通預金　400,000

「借入金」が減ったので借方に入れる

負債と純資産を足すと資産になる

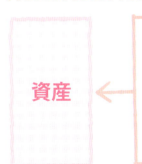

会社の財産である資産（→36ページ）は、負債と純資産の合計。

資産から負債を差し引いて、手元に残るのが純資産という見方もできる

この関係を知っていると、決算書の貸借対照表も理解しやすくなりますよ

パート1　「簿記」と「仕訳」

勘定科目チェックリスト③
「費用」は、収益を得るために使ったお金

費用は、収益を得るために必要なお金です。社員に支払う給与や、旅費交通費、交際費、広告宣伝費といった経費などです。費用は会社の資産の減少か、負債の増加となります。費用グループの勘定科目は、決算書では損益計算書に入ります。

 費用に関する仕訳は、日々の帳簿入力の中で最も多く行うものだね。勘定科目の種類も多いので、区別をよく理解しておくこと。

 見覚えのあるものも多いです。給与も同じ仲間なんですね。

 仕訳ルールは「費用が発生したときは借方に入れる、費用が減ったときは貸方に入れる」だ。ただし、費用は借方に入れることが多いよ。

費用グループの勘定科目をおぼえよう

- ☐ 仕入　　　　商品の購入代金
- ☐ 給与　　　　社員に支払う給与
- ☐ 法定福利費　厚生年金や健康保険などの保険料のうち会社負担分
- ☐ 福利厚生費　会社のお茶代、常備薬、社員旅行の費用など
- ☐ 消耗品費　　事務用品代や文房具代など
- ☐ 地代家賃　　事務所や工場、駐車場などの賃借料
- ☐ 保険料　　　車両保険や火災保険、損害保険などの保険料
- ☐ 広告宣伝費　会社や商品の宣伝費用
- ☐ 租税公課　　法人税以外で会社が納める税金
- ☐ 減価償却費　減価償却する資産の価値の減少額（→ 154 ページ）
- ☐ 旅費交通費　仕事の移動のための交通関連費
- ☐ 通信費　　　電話代、切手代、インターネット料金など
- ☐ 水道光熱費　会社の電気、ガス、水道代など
- ☐ 会議費　　　社内の打ち合わせ飲食代など
- ☐ 交際費　　　取引先への接待費用や贈答品代
- ☐ 支払利息　　借入金に対する利息

費用グループの勘定科目の仕訳例

10万円の商品を仕入れた（代金は後日精算）

［この取引で使う勘定科目］　10万円の商品を仕入れた→「仕入」
　　　　　　　　　　　　　　10万円の買掛金が増えた→「買掛金」

借方	貸方
仕入　100,000	買掛金　100,000

「仕入」が発生したので借方に入れる

この仕訳は、買掛金の側から見ると負債グループの仕訳だね（→39ページ）

1500円の書類ファイルを現金で購入した

［この取引で使う勘定科目］　1500円の書類ファイルを手に入れた→「消耗品費」
　　　　　　　　　　　　　　1500円の現金を支払った→「現金」

借方	貸方
消耗品費　1,500	現金　1,500

「消耗品費」が発生したので借方に入れる

パンフレットの作成代金30万円を支払った（振込）

［この取引で使う勘定科目］　30万円でパンフレットをつくった→「広告宣伝費」
　　　　　　　　　　　　　　30万円を振込で支払った→「普通預金」

借方	貸方
広告宣伝費　300,000	普通預金　300,000

「広告宣伝費」が発生したので借方に入れる

勘定科目チェックリスト④
「収益」は、事業活動によって手に入れたお金

収益は、事業活動で手に入れたお金（収入）です。商品などを売った代金（売上）のほか、預貯金の利息などが含まれます。収益グループの勘定科目は、決算書では損益計算書に入ります。収益から費用を差し引いた金額が、会社の利益です。

収益は利益とは違うんですか？

収益は、売上高など会社に入ってきたお金。主に資産を増やすことになるんだ。利益は、そこからかかった費用などを差し引いたお金のことだね。

収益がたくさんあっても、安心はできないんですね。

収益よりも費用のほうが多ければ、赤字になってしまうからね。仕訳ルールは「収益が発生したら貸方に入れる、減ったときは借方に入れる」となる。つまり、費用とは逆の仕訳になるんだ。

「収益が減ったとき」というのはどんな場合ですか？

いったん売り上げた商品が、不良品などの理由で返品されたり、値引きをした場合などだよ。

収益グループの勘定科目をおぼえよう

☐ 売上（うりあげ）　事業活動により得た収益

☐ 受取利息（うけとりりそく）　預金や貸付金についた利息

☐ 受取配当金（うけとりはいとうきん）　他社の株式などの利益配当

☐ 雑収入（ざっしゅうにゅう）　本業以外の取引で得た収益

雑収入は、原因不明の現金などを計上するときにも使われるよ

収益グループの勘定科目の仕訳例

5000円の商品を10個売った（5万円の売上・代金は後日支払い）

［この取引で使う勘定科目］　5万円の商品を売り上げた→「売上」
　　　　　　　　　　　　　　5万円の売掛金が増えた→「売掛金」

借方	貸方
売掛金　50,000	**売上　50,000**
	「売上」が発生したので貸方に入れる

この仕訳は、売掛金の側から見ると資産グループの仕訳だね（→37ページ）

日常的に使う収益の勘定科目は、「売上」が多いのね

自社の勘定科目を書いておこう

36〜42ページの表にないもの、名称が異なるもの、迷いがちなものなどをメモしておきましょう。

グループ	勘定科目名	内容・注意ポイントなど

COLUMN

経理力をもっと高めよう

電卓をフルに使いこなす

　経理に配属されたら、電卓は毎日使う、なくてはならない道具です。すばやく扱うには、ブラインドタッチをめざしたいものです。電卓のさまざまな機能を使いこなせれば、さらにスピードアップをはかることができます。

電卓の便利な機能

10ケタ以上を表示できるものを選ぼう

メモリー機能を活用する

M＋（メモリープラス）
プラスの数字を記憶させる

M－（メモリーマイナス）
マイナスの数字を記憶させる

MR（RM）（メモリーリコール）
M＋、M－を使った計算の結果を表示する

MC（CM）（メモリークリア）
メモリーの内容を消す

例　120 × 3 － 150 ÷ 3 の入力
⇒ 120 [×] 3 [M+] 150 [÷] 3 [M-] [MR]
（答え）310

AC と C を使い分ける

AC（オールクリア）
これまでの計算すべてを消す

C（クリア）
最後に入力した数値を消す

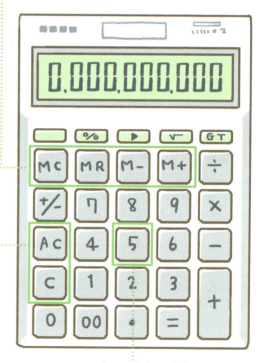

5のキーの中心に「ポッチ」があり、ブラインドタッチの基準キーとなる。

※機種やメーカーにより表示や機能は異なる。

44

パート2

毎日の仕事編

「現金」と「預金」の管理

必ず押さえたいポイント／キーワード

- 領収書
- 印紙税
- 現金出納帳
- 経費
- 固定資産
- 交際費
- 小切手
- 手形

経理の1日とスケジュール

1日の仕事の流れを
つかんでおこう

会社では、さまざまなお金の出入りが毎日発生します。そのつど正確に処理をして、帳簿に反映するのが経理の基本業務です。その日にするべきことを整理して、段取りよくこなします。

経理の仕事で毎日行う業務は、現金の支払いや受け取り、預金の入出金管理だね。現金の支払いは手提げ金庫などに一定額を準備しておいて、そのお金で対処するんだ。

はい。経理の仕事の基本ですよね！

「あわてず正確に」を心がけよう。支払いのミスは信用問題にもなるからね。現金を支払ったり、記帳などで口座の入出金を確認したら、すべて帳簿（→24ページ）に入力するんだ。請求書や領収書など、たくさんの書類を扱うことになるから、整理整頓の習慣が必要だね。支払いを小切手や手形で受け取ることもあるので、その扱い方もおぼえよう（→76ページ）。

いろいろと勉強が必要です。

1日の仕事の流れをつかんで、その日の作業を翌日に残さないことも大事だよ。

毎日の仕事　ここが大切！

1 お金のやりとりは あわてず正確第一に
金額はもちろん、支払いのための書類に不備はないかよく確認。

2 今日の仕事は 今日終わらせる
作業を後に回していると、仕事がたまって自分の首をしめる。ミスの原因にも。

経理の1日のスケジュール例

9:00 始業
- 手提げ金庫を大金庫から出す。
- 届いた請求書や納品書を確認する（→90ページ）。
- 小口現金の支払いを行う（→50ページ）。
- 預金の入出金、振込、記帳を行う（→60ページ）。

12:00
- 小切手や手形を受け取る（→76〜79ページ）。

ずいぶんたくさんありますね…

13:00
- 請求書や納品書を発行する（→90ページ）。
- 社員の経費を精算する（その都度精算の場合）。
- 納品書、領収書、請求書、伝票などから、仕訳して帳簿に入力する。

- 現金実査（実際の現金残高と帳簿上の残高をつき合わせ）を行う（→50ページ）。
- 預金残高を確認する。
- 納品書、領収書、請求書などを整理・ファイリングする（→104ページ）。

優先順位をつけて、計画的に進めることがポイントだね

18:00 終業
- 手提げ金庫を大金庫に戻す。

パート2　「現金」と「預金」の管理

必ず行う毎日の仕事を書いておこう

午前	
午後	

現金・預金の入出金①
会社で扱う現金は厳重に管理する

会社は、社員の経費精算、宅配便の着払い、備品の購入などに備え、通常手提げ金庫などに、一定の現金を用意しています（小口現金という）。現金の入出金には、正確な処理と厳重な管理が欠かせません。

会社のお金を扱うのは緊張します。計算を間違えたらどうしよう、残高が合わなかったらどうしようって。

仕事に緊張感を持つのはいいことだよ。特に現金を入れておく手提げ金庫の扱いには、厳重さが必要だからね。でも力みすぎなくてもポイントを押さえていれば、ミスの可能性を大きく減らせるよ。

どんなことに気をつければいいんでしょうか。

まず出金のとき大切なことは、**必ず領収書と伝票や精算書などと引き換えにする**こと。こうした書類のない経費の「とりあえず支払い」は、原則として「ナシ」だ。現金の出入りは、**その日のうちに帳簿入力**することも大切だね。

作業を後回しにしないことですね。

そう。そうすれば現金実査で金額が合わないときも、記憶が新しいから原因を見つけやすくなるよ。

Check point

「現金の入出金」

☐ 机のまわりはいつも整理整頓されているか（書類の紛失予防）。
☐ 出金時に領収書や伝票など証拠書類と引き換えにしているか。
☐ お金を渡す相手に、その場で金額を確認してもらっているか。
☐ 支払い後に、サインや受領印をもらっているか。

小口現金、1日の管理の流れ

手提げ金庫の管理ポイント
1. 出納業務に関係ないものは入れない（入れるものは決めておく）。
2. 使用するとき以外は必ずカギをしめる。離席の際はカギのかかる引き出しなどにしまう。
3. おつりなどに備え、硬貨と紙幣は過不足なく入れておく。

社員
経費の精算、仮払金など。

領収書、精算書など

精算、支払い

受け取った証ひょうなどはすぐファイリング。「支払済み」のスタンプなどを使うことで、二重払いを予防できる。

業者など
宅配便の着払い、文房具の購入など。

納品書、請求書など

支払い

出金後は、すみやかに帳簿（現金出納帳など）に入力する。

現金実査
1日の終わりには、金種表などで金庫の現金残高を確認。それを帳簿の残高とつき合わせる。ぴったり同じなら、その日の業務は完了。

金種表▶
現金残高を金種（紙幣、硬貨の種類）ごとにまとめた表。金庫内の現金の内容がひと目でわかる。現金過不足の原因を探るヒントにもなる。

金 種 表

NO _____　　　　　年　月　日

金種	枚数	金額
	枚	円
10,000		
5,000		
1,000		
500		
100		
50		
10		
5		
1		

手提げ金庫にいくら入れておくのか、補充のタイミングはいつかなど、会社のルールを確認しておきましょう

パート2　「現金」と「預金」の管理

領収書

領収書はお金のやりとりに欠かせない重要書類

領収書は、代金の受領を証明する書類（証ひょう）です。現金や手形で支払ったときには領収書を受け取り、支払いを受けたときに領収書を発行します。お金の受け渡しがあったことを証明する、重要な書類です。

領収書は発行する会社やお店などによって、形やサイズはバラバラです。決まりなどはないんですか？

書式は自由だね。でも支払いを証明するための書類だから、右ページのような項目が盛り込まれている必要はあるよ。

領収書を書くときは、どこに気をつければよいですか？

必要な項目を、もれなくていねいに書くことが第一。複写式になっているから、控えはきちんとファイルしておこう。書き損じた場合は、訂正ではなく、あらためて新しい用紙に書き直しだ。連番（通し番号）をつけて管理するから、書き損じの用紙も破棄せずそのまま保存すること。

代金などを支払ったときには、必ず領収書を受け取ります。もし相手が「支払われていない」などといってきたとき、領収書がなければ支払いの証明ができません。**支払いを行ったかどうかあやふやになると、二重払いの危険も生じます。**

領収書の役割

52

領収書に必要な記載事項を確認

□ 宛先（支払先）
会社名は、なるべく正式名称を記入する（略称でも可）。「株式会社」が前につくか後につくかは要確認。「上様」は原則として使わない。その他、誤字に注意する。

□ 金額
基本的に税込金額。改ざん防止のため、金額の頭に「¥」「金」、最後に「-」「※」などを入れる。3ケタごとに「,（カンマ）」を入れる。

□ 管理番号

□ 発行年月日
発行した（支払いが行われた）年月日を記入する。年や日を省略しないこと。

□ 収入印紙
領収書の金額が5万円以上の場合、印紙が必要。印紙と領収書の境目には消印をする（→55ページ）。

□ 社印の押印

□ ただし書き
できるだけ具体的に記入する。「お品代」など、内容が明確にできない文言はできるだけ避ける。

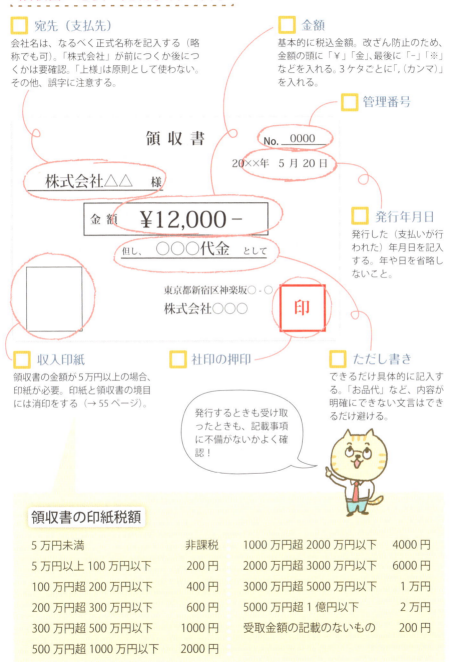

発行するときも受け取ったときも、記載事項に不備がないかよく確認！

パート2 「現金」と「預金」の管理

領収書の印紙税額

5万円未満	非課税	1000万円超 2000万円以下	4000円
5万円以上 100万円以下	200円	2000万円超 3000万円以下	6000円
100万円超 200万円以下	400円	3000万円超 5000万円以下	1万円
200万円超 300万円以下	600円	5000万円超 1億円以下	2万円
300万円超 500万円以下	1000円	受取金額の記載のないもの	200円
500万円超 1000万円以下	2000円		

集中コラム 5万円以上の領収書には印紙税がかかる

印紙税とは、「印紙税法に定められた課税文書」を作成したときに納める税金です。文書に収入印紙を貼り、消印をすることで納付します。

● **印紙税は「課税文書」にかかる**

　印紙税の課税文書は、その内容により1号～20号に分けられています。**印紙税額は、文書の内容とその書面に記載された金額に応じて異なります**（→下図。詳しくは国税庁のホームページなどで確認することができる）。

　経理の仕事で、よくかかわる課税文書は領収書でしょう。領収書は記載金額が5万円以上すると印紙税がかかり、最低200円からの収入印紙が必要になります。レジのレシートにも5万円以上から印紙が必要です。

代表的な印紙税の課税文書と印紙税額

いずれも、文書1通につきこの金額の印紙税がかかる。

1号文書 不動産売買契約書、土地賃貸借契約書、金銭消費貸借契約書など

1万円以上 10万円以下	200円
10万円超 50万円以下	400円（200円）
50万円超 100万円以下	1000円（500円）
100万円超 500万円以下	2000円（1000円）
500万円超 1000万円以下	1万円（5000円）
1000万円超 5000万円以下	2万円（1万円）
5000万円超 1億円以下	6万円（3万円）
1億円超 5億円以下	10万円（6万円）
契約金額の記載のないもの	200円

※不動産売買契約書は（　）の金額。平成30年3月31日まで適用。

2号文書 工事請負契約書など

1万円以上 100万円以下	200円
100万円超 200万円以下	400円（200円）
200万円超 300万円以下	1000円（500円）
300万円超 500万円以下	2000円（1000円）
500万円超 1000万円以下	1万円（5000円）
1000万円超 5000万円以下	2万円（1万円）
5000万円超 1億円以下	6万円（3万円）

※一定の建設工事請負契約書は（　）の金額。平成30年3月31日まで適用。

収入印紙の貼り忘れには罰則がある

税務調査などで、課税文書に収入印紙が貼られていないことを指摘された場合、**本来の印紙税額に加えて、その2倍に相当する金額を、合わせて納めることになります（過怠税）**。収入印紙は貼っていても、消印がされていなかった場合にも、印紙の額面相当の過怠税が必要です。

税務署から指摘される前に自主的に申し出た場合は、本来の印紙税額＋10％相当の金額が必要になります。

消印とは

印紙の再使用を防ぐため、印紙と文書の境目に押印すること。契約書では、当事者それぞれが消印する場合もある（計2か所）。

3号文書　約束手形、為替手形

記載された手形金額が

10万円以上 100万円以下	200円
100万円超 200万円以下	400円
200万円超 300万円以下	600円
300万円超 500万円以下	1000円
500万円超 1000万円以下	2000円
1000万円超 2000万円以下	4000円
2000万円超 3000万円以下	6000円
3000万円超 5000万円以下	1万円
5000万円超 1億円以下	2万円

4号文書　株券、出資証券、社債券など

記載された金額が

500万円以下	200円
500万円超 1000万円以下	1000円
1000万円超 5000万円以下	2000円
5000万円超 1億円以下	1万円
1億円超	2万円

7号文書　売買取引基本契約書、業務委託契約書など

4000円

18号文書　預貯金通帳など

1年ごとに　　200円

領収書は17号文書。税額は53ページ。

※文書の種類や印紙税額は、『印紙税額一覧表』（国税庁）から抜粋したもの。

入出金の帳簿入力①
現金が動いたら
現金出納帳に入力する

現金の入出金を記録・管理するために使う帳簿が現金出納帳です。現金の出入りがあったときは、領収書などからすみやかに入力しましょう。手提げ金庫の金額と連動させ、1円の間違いもNGです。

宅配便や業者に代金を支払う、口座からお金を引き出してくる、社員の仮払金を精算する……、現金の動きはその都度現金出納帳という帳簿に記録する。少なくともその日のうちに入力しておかないと、正しい現金実査ができなくなるのでテキパキ入力しよう。

入力するときに、気をつけることはありますか？

まずは金額の入力ミスに注意すること。ゼロの数を間違えたりすることがよくあるよ。正しい勘定科目を使って、摘要をわかりやすく記載することも大切。何のためのお金なのか、誰が見てもわかるようにしよう。
慣れるまでは、過去の取引をこまめに参照してみること。会計ソフトなら検索機能があるから、調べるのは簡単だよ。

忘れないよう、主な取引先や取引内容はリストをつくっておきます！

現金出納帳入力の注意ポイント

1 すみやかに入力して入力もれを防ぐ

2 摘要の記載は、第三者が見てもわかるように

3 正しい勘定科目を使う（会社のルールを確認）

4 金額の入力ミスに十分気をつける

現金出納帳の例

領収書などには、この番号を書いて対応させると便利。

同じ内容は、常に同じ勘定科目で。

取引の内容をできるだけ具体的に。過去の摘要を確認。

金額を入力。ケタ違いなど入力ミスに注意。

会計ソフトなら、残高は自動計算される。

月日	No.	勘定科目	摘要	収入	支出	差引残高
05/08	001	前月繰越				60,000
05/08	002	普通預金	現金補充	140,000		200,000
05/09	003	消耗品費	コピー用紙△△堂		500	199,500
05/11	004	仮払金	出張旅費 山本一郎		10,000	189,500
05/15	005	新聞図書費	4月分○○新聞代		3,000	186,500
05/15	006	通信費	切手代(82円・100枚)		8,200	178,300
05/31	020	翌月繰越				98,300
		5月合計		290,000	191,700	98,300

この金額と実際の残高をつき合わせる。

今月の残高は、翌月に自動的に繰り越される。

知っておこう！

できるだけ現金は使わない

現金は、現金出納帳への入力や正確な残高管理が必要になる。また、盗難や紛失のおそれもある。経理の効率化のためにも、現金の扱いはできるだけ少なくするとよい。

例 文房具や新聞・書籍代
　➡ 口座引き落としにする
　社員の経費精算
　➡ 月ごとにまとめて振込にする

パート2 「現金」と「預金」の管理

伝票の知識

入金伝票、出金伝票、振替伝票を使い分ける

経理処理のため、入出金や取引の内容を1件ずつ記入する用紙を「伝票」といいます。最近では、用紙は使わずに、会計ソフトの画面上で伝票入力する会社もあります。経理の基本知識として理解しておきましょう。

伝票に取引を記録することを、「起票」「伝票を起こす」というんだよ。伝票に取引内容や金額を記入して、それを帳簿にまとめていくんだ。伝票には、入金伝票、出金伝票、振替伝票の3種類がある。

どうして3つの種類があるんですか？

現金の取引は入金伝票か出金伝票、現金以外の取引は振替伝票と、用途により使い分けているんだ。ただし、振替伝票の一方に、勘定科目「現金」を立てれば、すべての取引で使うこともできるよ。

どうして伝票を使うんですか？

形式もサイズもさまざまな証ひょうを、伝票という決まったフォーマットにすることで、取りまとめをしやすくなるんだ。
起票内容の間違いや不正を防ぐため、起票者の印鑑やその上司の承認印がない場合は、いったん起票者に戻して、正しい手続きを踏んでもらおう。

伝票を使った帳簿入力の流れ

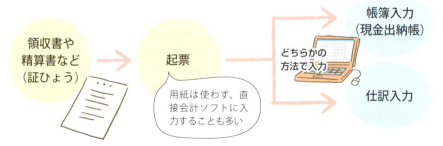

> 伝票には3つの種類がある

1 入金伝票

現金による入金（現金が増える取引で使う）

▼

入金年月日、入金先の名称、相手勘定科目、摘要（取引の内容）、金額を記入する。

赤色で印刷されていることから「赤伝」ともいわれる

伝票には通し番号を入れて管理しよう

パート2 「現金」と「預金」の管理

2 出金伝票

現金による出金（現金が減る取引で使う）

▼

出金年月日、支払先の名称、相手勘定科目、摘要（取引の内容）、金額を記入する。

青色で印刷されていることから「青伝」ともいわれる

上司などの承認印、本人の印が必要だ

3 振替伝票

現金以外の取引で使う

▼

取引の発生した年月日、勘定科目（借方／貸方）、金額、摘要（取引の内容）を記入する。

借方の合計、貸方の合計は必ず同じ金額になるんだ

現金・預金の入出金②

会社の預金口座には主に4つの種類がある

多くの会社は、メインバンク、サブバンクなど複数の銀行に口座を持っています。取引の決済の大半は、この銀行口座を通して行われます。経理では、この預金の動きや残高を、常に正確に把握しておく必要があります。

会社のお金を引き出したり、振込をするときは、まず、上司（責任者）の承認を受けることが必要だ。その上で、銀行所定の書類をつくって窓口で手続きするんだ。

どんなところに注意すればよいですか？

まず、**通帳と銀行印の管理は厳重にしよう**。通常、社内の管理者も別になっているよ。

銀行に行くときは、窓口が混み合う「五十日（ごとうび）」（5日、10日、15日、20日、25日）と月末は、できるだけ避けるといい。もっとも、うちの会社はインターネットを通じて銀行とやりとりする、ネットバンキングを使っている。銀行へ行かなくても振込や残高確認ができるので、とても便利だよ。

ネットバンキングでは**すばやいやりとりが可能ですが、金額などの誤送信に気をつけてください**。その他、振込にかかる**振込手数料は、どちらが負担するのか、事前に確認しておきましょう**。

出金、振込に必要な書類を確認

	社内の責任者に 承認を得るとき	銀行窓口への提出書類 （銀行により多少異なる）
出金	振替申請書	払戻請求書 ＋通帳
振込	支払一覧 （振込先、振込金額を記載）	振込依頼書 払戻請求書＋通帳 （預金から振り込む場合）

税金や公共料金の振込には、別の書類が必要になるので注意

60

普通預金と当座預金って、どう違うんですか？

普通預金はあなたが使っている銀行口座と同じで、入出金がいつでも自由にできるもの。当座預金は、小切手や手形を発行するときに必要になる口座だ。会社では、目的に応じて預金口座を使い分けるので、預金口座の種類と特徴は、しっかり理解しておこう。

会社で使われる代表的な預金の種類

毎日の入出金に活用する

普通預金
- 窓口やATMで自由に引き出しや預け入れができる。

当座預金
- 小切手や手形を決済するための口座。
- 通帳は発行されない（当座勘定照合表が発行される）。
- 利息はつかない。

お金の運用に活用する

定期預金
- 一定期間預けることで、比較的有利な利息がつく。
- 満期になる前に引き出すと金利は低くなる。

通知預金
- まとまった資金を短期間預ける。仕入代金の決済資金など。
- 比較的有利な利息がつく。
- 引き出しには少なくとも2日前に通知が必要。

知っておこう！

振込と振替は別のもの

振込は、他の人の預金口座にお金を入金すること。手数料が必要（自社名義の預金口座でも、銀行が違えば振込となる）。振替は、ある銀行に2つ以上の預金口座を持っている場合に、その口座間で資金を移動させること。手数料はかからない。

通帳と届出印の管理者を別にする、手続きは複数のチェックを徹底するなど、不正やミスを予防するしくみが大切だよ

パート2 「現金」と「預金」の管理

入出金の帳簿入力②

現金と預金の
二重計上に要注意

預金の動きも、そのつど帳簿に入力する必要があります。仕訳入力のほか、預金出納帳という帳簿を使う場合もあります。原則として毎日、帳簿上の預金残高と実際の預金残高をつき合わせて、一致しているかどうか確認します。

預金は、どのように帳簿に記録するんですか？

通帳や残高明細などから、内容を確認しながら仕訳入力しているよ。預金口座ごとに預金の状態を管理する、預金出納帳という帳簿を使っている会社もある。ただ、会計ソフトを使っているときは仕訳入力しておけば、預金出納帳は自動作成できるよ。

入力時に注意することはありますか？

口座から現金を引き出したり、現金を預け入れたりしたときには、現金と預金の両方が動くことになる。このとき、現金出納帳などに入力した内容を、預金の側から仕訳入力すると、二重計上になってしまうから気をつけて。現金にかかわる取引は必ず現金出納帳に入力するなど、ケースごとに帳簿入力のルールを決めておくといいね。

預金の帳簿入力はこうする

口座からの出金

例 現金10万円を引き出したとき

借方		貸方	
現金	100,000	普通預金	100,000

勘定科目「普通預金」を右に

口座への入金

例 現金5万円を預け入れたとき

借方		貸方	
普通預金	50,000	現金	50,000

「普通預金」を左に

1日の終わりには、通帳に記帳したり、インターネットバンキングの明細を取り寄せて、必ず預金残高を確認しましょう。

 なぜ、残高確認が必要なのですか?

 現金同様、預金口座への入金や自動引き落としなどの状況は、会社の資金繰りに影響するので、常に正確に把握しておくことが必要なんですよ。

預金の残高確認ポイント

何の入金かわからないときは「仮受金」で計上する

例 内容のわからない8万円の入金があった

借方	貸方
普通預金 80,000	仮受金 80,000

勘定科目「仮受金」を右に

その後、そのお金は売掛金の入金だとわかった

借方	貸方
仮受金 80,000	売掛金 80,000

「仮受金」を左に

経費の処理ポイント①
領収書のない経費は「支払証明書」をつくる

社員は仕事を行う中で、仕事のための経費を支払うことがあります。これを立替経費といいます。本来会社が支払うべきものを立て替えているため、後日精算を行います。経理ではこの精算業務を行います。

立替経費の精算は、社員のみなさんが、仕事のために立て替えたお金を返す業務ですね。

経費発生のつど精算をする会社もあるけど、わが社では月末を締め日にして、月に一度、1か月分の合計を現金で精算している。最近は支払いを振込にすることを検討中だ。現金の管理はなかなか面倒なので、できるだけ現金の扱いを減らそうとしているんだ。

精算時には、どんなことに気をつければよいですか？

現金での精算は、示された金額をそのまま支払うのではなく、必ず経費の内容を確認してから支払う。間違いのないよう、相手の目の前でお金を数えて渡すといいね。出金後は受け取りのサインや受領印をもらうこと。

「金額を確認した」という証拠ですね。

精算内容は帳簿に入力する（仕訳入力または現金出納帳入力）。このとき、正しい勘定科目を使うことが重要。迷ったら上司に確認しよう。

経費の精算でよく使われる勘定科目の例

「旅費交通費」
電車代、タクシー代など。

「消耗品費」
文房具など。

「新聞図書費」
書籍、雑誌など。

「交際費」
取引先との飲食代など。

「会議費」
社内打ち合わせの飲食費など。

経費にできるのは仕事上の費用だけですよ！

※会社により、勘定科目の名称や分類は異なることもあるので注意。

経費の精算で、領収書がない場合はどうすればよいのですか？

所定の支払証明書に、支払日、金額、支払先と摘要（支払内容）を書いて、提出してもらうんだ。支払証明書には、香典なら会葬礼状や案内など、証拠になるものを添付してもらうとベターだね。

領収書がないケースには、次のような場合がある。電車やバスなどの交通費、葬儀の香典、結婚式のお祝いなどの冠婚葬祭費、お見舞い、領収書のもらい忘れや紛失……。とはいえ、領収書がないのは例外。特に、高額な支払いは、必ず領収書をつけてもらうようにしよう。

支払証明書の例

※名称や体裁は会社により異なる。

支払いの内容を、できるだけ具体的に書くことがポイント

支払証明書

20XX年 9月20日

支払日 20XX年 9月9日	支払先 ○×タクシー

支払額　　　1 4 0 0

支払事由（内容など）　○○工場訪問タクシー代　領収証もらい忘れ

支払者　所属　営業部　氏名　川村ひろし　㊞

精算日　20XX年　9月20日

経費の帳簿入力はこうする

※上図の例。

借方	貸方
旅費交通費　1,400	現金　1,400

その経費の勘定科目を左に

現金で精算した場合。

知っておこう！

「上様」領収書はＯＫ？

宛名が「上様」の領収書は、無効ではないが、支払いの証拠書類としては不十分。社員には、必ず宛名を記入してもらうようアナウンスしよう。特に金額の大きなものは、十分注意する。

経費の処理ポイント②
「仮払金の精算はすみやかに」を周知する

仮払金は、出張費用などで社員が立て替える経費負担が大きくなる場合に、事前に必要額を見積もって渡し、後日実際にかかった経費を申告してもらい、精算するものです。自社の手続きを確認しておきましょう。

仮払金のおかげで、社員が一時的とはいえ、大きな金額負担をせずにすむんだ。

仮払金を処理する手順を教えてください。

まず、仮払金が必要な社員に「仮払申請書」を提出してもらおう。この申請書に不備があると、仮払いは認められない。**上司（管理者）の承認印があるかも確認する**。支給後はすぐ帳簿に入力だ。

仮払金精算のときは、どこに気をつければよいですか。

いちばん大切なのは、**精算をすみやかに行う**こと。そのためには、日ごろから、対象業務が終了したら仮払精算をすぐ行うよう、社員にアナウンスしておこう。

精算後に、その内容を帳簿に入力して作業完了です。

自社の仮払金ルールを書いておこう

申請
- いつまでに _____
- 必要書類 _____
- 注意点

精算
- いつまでに _____
- 必要書類 _____
- 注意点

仮払金の支払いと精算の流れ

現金支給＋精算なら、現金出納帳入力でもかまわないよ

社員から仮払申請書を受け取る
- 上司など責任者の承認印の有無を確認する。

↓ 帳簿入力

仮払金支給時の帳簿入力

例 3万円の仮払金を支給した

借方	貸方
仮払金　30,000	現金　30,000

勘定科目「仮払金」を左に

仮払金を支給する
- 現金を渡す際、受領印やサインをもらうこと。

↓

社員の業務終了

↓

精算書を受け取り、精算内容を確認する
- 各支払いの領収書を添付してもらう。

精算時の帳簿入力

例 実際の支払いは交通費3万5000円（社員に5000円を返却）

借方	貸方
旅費交通費　35,000	仮払金　30,000
	現金　5,000

「仮払金」「現金」を右に

↓

差額を精算する

 帳簿入力

例 実際の支払いは交通費2万円（社員から1万円の返却）

借方	貸方
旅費交通費　20,000	仮払金　30,000
現金　10,000	

「現金」を左に　　「仮払金」を右に

!Check point

「仮払金の手続き」

- ☐ 承認された仮払いでなければ、支払いをしない。
- ☐ 現金を支給する場合は、必ず受領印をもらう。
- ☐ 精算が遅れている人がいないか、定期的にチェックする。

経費の処理ポイント③
立替経費精算書を使って経費処理を効率的に

月に一度など、締め日を設けて経費の精算を行う場合、「立替経費精算書」のフォーマットを用意して、立替経費支払いの内容を記入して提出してもらいます。支払いを振込にすれば、経理の手間はさらに軽減されます。

立替経費精算書を使うことで、経理の仕事が効率的になるんですね。

いろいろと注意するポイントもあるよ。一番のポイントは、**精算書の提出期限を守ってもらう**ことだ。事前に立替経費の精算スケジュールを、よく周知しておく必要がある。
立替経費の金額は、月次決算に盛り込む必要がある。精算書の提出が遅れる人がいると、月次決算の作業の遅れにもつながる。結局、経理の負担が大きくなってしまうんだ。

みなさんの協力が欠かせないんですね。

経費の支払いには、原則として領収書を添付してもらおう。精算時には、**金額チェックとサインや受領印をもらうことを忘れないこと**。経費支払いを、給与と合わせて振込にしている会社もあるよ。現金処理の煩雑さを省くことができる。わが社も検討中だよ。

自社の経費支払いのスケジュールを書いておこう

立替経費精算締め日	毎月	日
立替経費精算書提出日	毎月	日まで
立替経費支払日	毎月	日

期日厳守！

精算書の帳簿入力はどう行いますか？

 精算書が提出されたときに「未払金」として計上して、支払い後にそれを消す処理をする（→下図）。受け取った精算書や領収書は、セットにしてファイルしておこう。

立替経費精算書の例

9月分　立替経費精算書

提出日　20XX年10月1日

承認印、申請者印の有無は必ず確認

所属	営業部
氏名	川崎　学

承認印　申請者印

月日	支払先	内容	交通費	会議費	交際費	その他の科目	
						金額	科目
9/10	JR	○○社打合せ（経路○○-○○）	420				
9/11	○○タクシー	△△社打合せタクシー代	730				
9/13	○○マート	打合せ弁当代（3名分）		1,800			
9/20	△△飯店	△△社接待飲食費（4名分）			15,000		
		合計			15,000	0	0
				合計金額		21,560	

添付された領収書と金額や内容をつき合わせて確認

立替経費精算の帳簿入力はこうする

例　社員Aの立替経費精算書を受け取り、翌月支払った
（内訳）　営業交通費500円、書籍購入1,000円、印紙購入500円、打合せ用昼食代2,000円（合計金額4,000円）

書式は会社によりさまざま。交通費と一般経費で書式を分けるケースもある

立替経費申請書の受け取り時

借方	貸方
旅費交通費　500	未払金　4,000
新聞図書費　1,000	
租税公課　500	
会議費　2,000	

経費の勘定科目を左に

勘定科目「未払金」を右に

経費の支払い時（現金）

借方	貸方
未払金　4,000	現金　4,000

「未払金」を左に

経費の処理ポイント④
迷いやすい「交際費」を しっかり区別する

経費を帳簿に入力する際、決められた勘定科目を使うことが大切です。なかでも、取引先との飲食費などの交際費は、課税される／されないにかかわるため、正しく計上しないと、会社の納める税金に影響します。

交際費って費用（→ 40 ページ）なんですよね……。それなのに税金がかかるんですか？

交際費は損金にできる（税金の計算上も費用になる）内容が決まっている（→ 72 ページ）。だから、**交際費になるものとならないものの区別を、はっきりつけておく必要がある**んだ。

交際費っていうと、取引先の人との食事代とかですよね？

そう。「業務を円滑に進めるために使ったお金」だね。取引先への接待費やお中元やお歳暮などの贈答品代もそうだよ。だから、**飲食費でも、社内の会議で出されたものなどは交際費にはならない**。この飲食費は税務署に注目されるポイントなので、精算のときは、参加者全員の氏名や所属と人数、日時を、領収書や精算書に明記してもらって証拠を残すんだ。

微妙なケースもあるので、迷ったときはすぐ上司に相談してください。

交際費には課税されることがある

収益（売上）

費用
（事業のために使ったお金）
・仕入、給料手当、消耗品費、会議費、福利厚生費、交際費など

→ 通常、損金となり課税されないが、交際費は課税される場合がある。

利益

→ 課税される。

だから交際費は要注意なのね

交際費になるかどうかチェック

飲食費

取引先との飲食費

1人当たり 5000円以下	1人当たり 5000円超

 会議費　　 交際費

領収書などには、
以下の項目を明記する。

・飲食をした年月日
・参加した取引先などの
　名称、氏名、役職など
・飲食に参加した人数
・飲食の金額
・飲食店の名称と所在地

自社の役員や社員を接待するための飲食費 → 交際費

仕事の打ち合わせのための社内飲食費 → 会議費

慶弔見舞金

社内規定による社員への慶弔費 → 福利厚生費

取引先への高額な慶弔費 → 交際費

贈答品など

社名入りのカレンダーやタオルなど → 広告宣伝費

お中元、お歳暮 → 交際費

知っておこう！

福利厚生費も高額すぎると課税される

　慶弔金などのほか、社員旅行などは「福利厚生費」として経費になる。ただし、一般的に見て高額すぎる慶弔金や社員旅行は給与扱いとなり、源泉所得税の対象となるので注意が必要。
［例］福利厚生費となる社員旅行→4泊5日（現地滞在日数）以内で社員の50％以上が参加する。

経費の勘定科目は、社内のルールをしっかりおぼえよう

パート2　「現金」と「預金」の管理

集中コラム

交際費の税金が平成26年から変わった！

税金上も経費になる交際費は、一定条件に当てはまる場合だけです。しくみを整理しておぼえておきましょう。

● **制限が緩和された**

　これまで、資本金1億円以下の会社（中小法人）は、交際費のうち年800万円までを損金にすることができました。一方、資本金1億円超の会社は、交際費を損金にすることができませんでした。

　平成26年度の税制改正でこのルールが緩和され、**会社の大小にかかわらず交際費のうち取引先との飲食費に限り、その50％まで損金にできることになりました**（平成26年4月1日以後に始まる事業年度から）。

　なお、中小法人はこれまでの「年800万円までの交際費」と「交際費のうち取引先との飲食費の50％」の、いずれか有利なほうを選ぶことができます。

法人税の計算で経費となる交際費とは

平成30年3月までに始まる事業年度まで

資本金1億円超の会社
交際費のうち
接待飲食費の50％まで

損金に算入できる

資本金1億円以下の会社
交際費のうち
年800万円まで
または
交際費のうち接待飲食費の50％まで

損金に算入できる

● 「5000円基準」をおぼえておこう

　また、1回に1人あたり5000円以下の飲食費は、交際費とはなりません。この金額の範囲内なら、経費として損金に算入することができます。ただし、この適用を受けるには、くわしい飲食の明細を記録しておく必要があります。

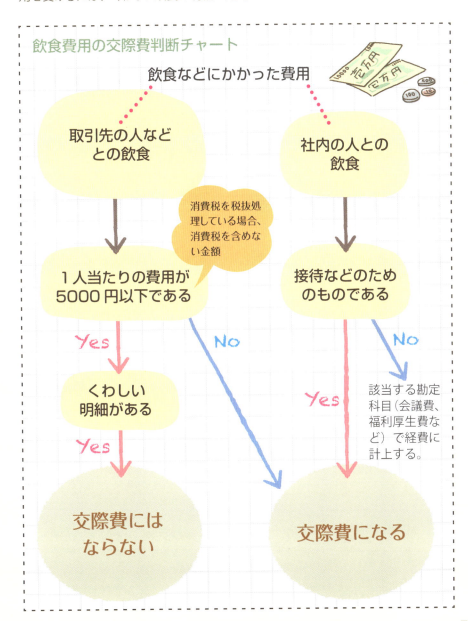

経費の処理ポイント⑤
備品には「固定資産」になるものがある

仕事に必要なさまざまな物品を購入した場合、経費（消耗品費など）として帳簿に入力します。しかし、取得価額10万円以上または1年以上使うものなら「固定資産」として、他の経費とは別に扱うことになります。

固定資産だと、ほかの経費とどう扱いが変わるのですか？

固定資産は、**固定資産台帳という帳簿に登録して、取得から廃棄までを帳簿で管理する**ことになる。大きなめやすは、それが10万円以上かどうかだね。10万円以上の備品購入は、右ページのチャートで処理のしかたを確認してみよう。

なんだか、たいへんそうです……。

固定資産となる備品の購入は、頻繁にあることではないから、その都度上司に確認しながら、ていねいに処理していけば大丈夫だよ。

固定資産台帳は、減価償却（→154ページ）を正しく行うための帳簿です。**資産の種類（勘定科目）や名称、取得価額、取得年月日など、その固定資産の情報を記録します。**

購入時の帳簿入力も必要だよ。減価償却費の会計処理は、固定資産台帳を見て、月割りにするか、年に一度、決算のときにまとめて行うんだ。

固定資産の3つの種類

有形固定資産	会社が購入し長期保有するもの	建物…店舗、事務所、工場、倉庫など 建物附属設備…電気設備、冷暖房設備など 構築物…建物や建物附属設備以外の建造物 機械及び装置…事業で使用する機械など 車両運搬具…乗用車やトラックなど 器具備品…机、イス、パソコン、コピー機など 土地…店舗や事務所の敷地など
無形固定資産	ソフトウエア、商標権、特許権など	
投資その他の資産	投資有価証券、長期貸付金など	

固定資産購入時の帳簿入力はこうする

購入したときの仕訳
備品などの購入日または納品日の日付で入力する。

例 25万円のパソコンを購入した場合

借方	貸方
器具備品 250,000	未払金 250,000

固定資産の勘定科目を左に

その他、「現金」「前払金」など

固定資産は金額も大きいので、必ず上司に確認しながら入力しよう

固定資産台帳の記載例

種類	コード	名称	取得年月日	取得価額	除
器具備品	00-0000	パソコン（AB-XX）	20XX.4.10	250,000	

却日	耐用年数	償却方法	償却率	期首帳簿価額	当期償却額	期末帳簿価額
	4	定率	0.500	0	125,000	125,000

使われている用語などは154ページで確認を

減価償却する資産かどうかチェック

取得価額10万円未満または使用可能期間1年未満なら → 消耗品費など、費用として、一括でその年の経費にする

一定の中小法人で、取得価額10万円以上30万円未満なら → 一括でその年の経費にできる（合計300万円まで）※平成30年3月31日までに取得した資産

取得価額10万円以上20万円未満なら → 3年間にわたり1/3ずつ償却できる（一括償却資産）

取得価額20万円以上なら → 耐用年数に応じて減価償却する

小切手

小切手を受け取ったら すばやく現金化する

小切手とは、支払いなどで現金の代わりに使われる「有価証券」の1つです。大きな現金を扱うリスクを避けるために利用されます。小切手を受け取ったときの扱い方を理解しておきましょう。

小切手を受け取ったら、まず、**金額に誤りがないか確認**。続いて、**記載内容に不備やもれがないか確認**する。不備があると現金化できないこともあるので、すぐ上司に相談しよう。

記載を確認したら、次はどうすればよいですか？

すみやかに銀行へ持っていき、現金化する。遅くとも**振出日の翌日から10日以内（支払呈示期間）に手続きしよう**。通常、入金までには2〜3日かかるよ。「小切手を受け取ったとき」「入金を確認したとき」に、それぞれ帳簿に入力が必要だ。

振出日が将来の日付になっている、「先日付小切手」には注意が必要です。支払いを先に延ばしたいということだから、振出先の会社は資金繰りが苦しい状態と考えられるからです。

こちらが小切手を振り出すときも、この記載事項に間違いやもれがないか十分確認が必要だよ。

小切手を受け取ったときの帳簿入力はこうする

例　売掛金10万円が小切手で支払われた

小切手を受け取ったとき

借方	貸方
現金　100,000	売掛金　100,000

勘定科目「現金」を左へ

→

銀行に持ち込み後、入金されたとき

借方	貸方
普通預金　100,000	現金　100,000

「現金」を右へ

小切手が現金化されるしくみ

A社の取引銀行
（支払人）

A社

BANK

当座預金に資金を入金 →

1 小切手の振り出し

4 手形交換所を経由して、支払いの確認をする

手形交換所

5 A社の当座預金から、その金額がB社の銀行口座に入金される

B社

2 小切手を受け取る

3 小切手を持ち込む（取立の依頼）→

B社の取引銀行

BANK

小切手のチェックポイント

□ 銀行発行の「統一手形用紙」か？

□ 金額はチェックライター*や漢数字による記載か？
　※漢数字の場合、数字は改ざんされないよう次の表記となっている。
　　一→壱　二→弐　三→参　十→拾

*小切手や手形に金額などを印字する専用の器具。

小　切　手

東京 1234
0000-000

A12345
支払地　東京都北区赤羽○-○
ABC銀行　赤羽支店

金額　**¥1,500,000 ※**

上記の金額をこの小切手と引替えに持参人へお支払いください

□ 金額は正しいか？
　※金額の前に「¥」、後に「※」や「★」が入っているか？
　手書きの場合、金額の前に「金」、後に「円也」。

拒絶証書不要
振出日　平成2X年　4月20日

振出地　東京都北区　　振出人

東京都北区岩淵町○-○
株式会社○○○
代表取締役　木下一郎　㊞

□ 振出日（小切手が振り出された年月日）が記載されているか？

□ 振出人の署名、押印がされているか？

パート**2**　「現金」と「預金」の管理

77

手形

受け取った手形は
期日を確認、しっかり保管

手形は、小切手と同じように現金の代わりとなる有価証券です。小切手との大きな違いは、支払期日まで現金化できないことです（3〜4か月後など）。なお、期日までに金融機関に持ち込まないと、手形は無効になります。

 手形を受け取ったときは、どう処理すればよいですか。

 まず、小切手と同じように、**必要な項目が正しく記載されていて、有効な手形かどうかを確認**しよう。手形の場合、**支払期日が約束通りかどうか**のチェックも重要だ。手形と引き換えに、領収書を渡そう。手形は金庫で厳重に保管してね。

 次は現金化ですね？

 手形を現金化できるのは、支払期日を含めた3日以内だけ。忘れないよう、きちんと予定しておこう。「手形の割引」という方法で、期日前でも現金化はできるけど、額面から期日までの利息分を手数料として支払うことになるんだ。受け取り時と入金時の帳簿入力も忘れないようにね。

 手形は振り出しも含め、支払期日の管理が重要です。手形管理簿などをつくってしっかり管理しましょう。

手形を受け取ったときの帳簿入力はこうする

例 売掛金15万円が手形で支払われた

手形を受け取ったとき

借方	貸方
受取手形 150,000	売掛金 150,000

勘定科目「受取手形」を左に

銀行に持ち込み後、入金されたとき

借方	貸方
普通預金 150,000	受取手形 150,000

「受取手形」を右に

手形のチェックポイント

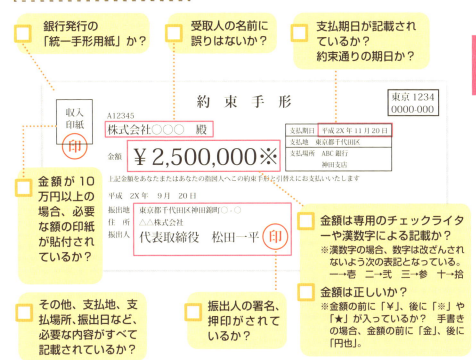

受け取った手形の処理には3つの方法がある

受け取った手形
- **取立**…支払期日の3日以内に銀行に持ち込む。
- **割引**…支払期日前に、銀行に手形を買い取ってもらう。
- **裏書**…現金化せず、そのまま第三者への支払いに使う（→80ページ）。

知っておこう！

不渡りは会社の「イエローカード」

　支払期日に当座預金口座に残高が不足していると、手形は現金化できない。これが「不渡り」。
　割引や裏書した手形が不渡りになると、銀行や支払い先の第三者から、その金額を請求されることになる。小切手や手形を受け取るときは、その会社の信用状態をよく確認したい。

> 不渡りは、手形を振り出した会社の信用を大きく損なう。不渡りを6か月に2回起こすと、銀行から取引停止処分を受ける。事業活動ができなくなるから、これは事実上の倒産だ（小切手も同様）

小切手と手形の1歩先の知識

小切手や手形にはさまざまなルールやテクニックがあります。そのうち、基本的なものを解説します。知識として身につけておきましょう。

● **小切手は、現金化する相手を限定できる**

　小切手には受取人名がないため、銀行に持ち込めば誰でも現金化できます。紛失や盗難に大きな危険が伴うため、予防のために行われるのが線引きです。**小切手の角に斜めの平行線を引くことで、受取方法を銀行口座への入金のみとすることができるのです。これを線引小切手といいます。**

　さらに、平行線の間に特定の銀行名を書いておくと、その銀行にのみ支払いを限定できます。これを特定線引小切手といいます。

　線引きは、振出人、受取人どちらもできますが、いったん線引小切手、特定線引小切手にすると、もとに戻すことはできません。

線引小切手

小切手の角部分に斜めの平行線を引いた小切手。
（一般に、平行線の間に「銀行」「Bank」「銀行渡り」などと記入）

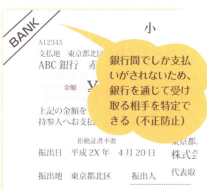

特定線引小切手

平行線の間に特定の銀行名を記入した小切手。

● **手形は、現金化せずに支払いに充てられる**

手形は現金化せずに、そのまま他の取引先などに渡すことで、支払いに充てることができます（譲渡）。このとき、手形の裏面に手形の権利を譲る旨を明記することが必要です。これを手形の裏書といいます。

手形を譲渡された人は、裏書を加えて、さらに譲渡ができます。複数の裏書がある場合、裏書人と被裏書人が連続していないと支払いは受けられません。

なお、手形の裏書は、支払い手段が増えたこともあり、最近ではあまり使われなくなっているようです。

帳簿のチェック
帳簿入力のミスやもれを予防、早期発見するコツ

たとえば1日の終わりの現金実査の際、金額が合わないことがあります。また、預金口座の残高が帳簿と一致しないこともあります。こうした事態への対処法を知っておきましょう。

 どうして金額が合わなくなるんでしょう？

 現金の場合なら、**領収書などからの金額入力を間違った、領収書などに入力していないものがある、現金を支払ったときに金額を間違えた**といったケースが考えられるね。

 ミスをなくすには、どうしたらいいでしょうか？

 うっかりミスをなくすには、**1つひとつの作業をていねいに行うこと**が第一。いそがしいときなど、あわてて行った作業はミスも増えがち。後で間違いが見つかると、再チェックなどによけいな時間がかかってしまう。
入力もれをなくすには、領収書や精算書などの書類は締め日にきちんと提出してもらって、未処理／処理ずみに分けて整理整頓しておくことが大切。業務の確認シートをつくって、こまめにチェックするのもいいね。

帳簿のミスを防ぐには

入力後は検算を怠らない
入力欄のミス（借方／貸方）も再確認する。

ダブルチェックを徹底
現金実査などは、複数名のチェック体制をつくる。

82

残高の不一致はこうチェックする

1 金額の打ち間違い？

ケタの間違い　例 〈正〉12,000 ⇒ 〈誤〉1,200
数字の入れ違い　例 〈正〉4,526 ⇒ 〈誤〉4,256

チェックのコツ
帳簿の摘要とその金額を合わせて見ていき、取引として不自然な金額になってないか調べる。

2 借方、貸方を逆に入力している？

チェックのコツ
借方の金額と貸方の金額の差額を、半分にした金額に注目。

例　差額が 16,000 円の場合
16,000 円÷2＝8,000 円　8,000 円となっている仕訳箇所を調べる。
※借方、貸方を逆にしていると、実際の2倍の金額になっているため。

3 入力もれ？

チェックのコツ
ファイルした領収書や伝票を見ていき、入力したおぼえがあるかどうか確認する。

預金口座の内容不明の入出金は「仮払金」「仮受金」で計上しましょう

現金の過不足がある場合の帳簿入力

例　現金実査の結果、現金が 500 円多かった

その日の調査で原因不明

借方	貸方
現金　500	現金過不足　500

勘定科目「現金過不足」を右に

現金出納帳の場合　「現金過不足」として収入欄に記入

決算時も原因が明らかにならない

借方	貸方
現金過不足 500	雑収入　500

勘定科目「雑収入」を右に入れて、「現金過不足」を消し込む
原因がわかったときは、その勘定科目により消し込む

例　現金実査の結果、現金が 500 円少なかった

その日の調査で原因不明

借方	貸方
現金過不足　500	現金　500

「現金過不足」を左に

現金出納帳の場合　「現金過不足」として支出欄に記入

決算時も原因が明らかにならない

借方	貸方
雑損失　500	現金過不足 500

勘定科目「雑損失」を左に入れて、「現金過不足」を消し込む
原因がわかったときは、その勘定科目により消し込む

経理力をもっと高めよう

困ったときはここへ連絡

　仕事の上で、さまざまな疑問にぶつかることがあるでしょう。先輩や上司、税理士の先生などに、その都度質問することももちろんですが、関連する公的機関などに問い合わせすることもできます。

主な問い合わせ先＆情報入手先

国税（法人税、所得税、消費税）に関すること ➡ 税務署
- 一般的な国税の情報 ➡ 国税庁 HP　https://www.nta.go.jp/

地方税（個人住民税、法人住民税、法人事業税、固定資産税など）に関すること ➡ 市区町村役場 ／ 都道府県税事務所

社会保険（厚生年金保険、健康保険など）に関すること ➡ 年金事務所や会社が加入している健康保険組合など
- 一般的な厚生年金保険の情報
　➡ 日本年金機構 HP　http://www.nenkin.go.jp/
- 社会保険、労働保険全般
　➡ 厚生労働省 HP　http://www.mhlw.go.jp/

労働保険（雇用保険、労災保険）に関すること ➡ ハローワーク、労働基準監督署
- 主に雇用保険の情報
　➡ ハローワーク HP
　　https://www.hellowork.go.jp/

その他、各都道府県や市区町村、健康保険組合のホームページは、「お気に入り」などに登録しておこう

パート3

1か月ごとの仕事編①

「売上」と「仕入」の管理

必ず押さえたいポイント／キーワード

- 売上
- 仕入
- 請求書
- 消費税
- 月次決算

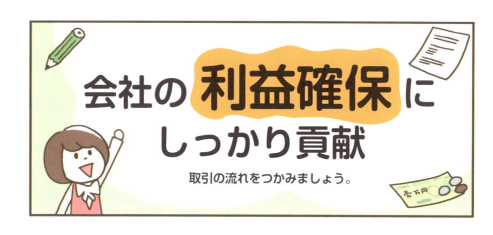

売上の管理
「売上が上がるしくみ」を頭に入れる

会社は、商品の販売やサービスの提供を行い、その代金を受け取ります。この代金が売上です。売上をしっかり管理することは、会社の事業を支える根幹業務。経理の仕事の大きな柱の1つです。

売上って、どのように管理するんでしょうか……。

売上管理には、**販売にかかわるもの、在庫にかかわるもの、売掛金にかかわるもの**の3つがある。これらの数量や金額の状態や変化を、しっかりつかんでおくことが売上管理の業務だ。すべてが経理の担当というわけではなく、業種や会社の規模などによって、経理がかかわる範囲や内容は変わってくるよ。いちばんの仕事は、売掛金にかかわる業務だね。

自分が担当する仕事の範囲を、理解することですね。

そう。それには、**自社の売上がどのように計上されていくのかを、しっかり理解しておく**ことが大切だよ。自分の担当する仕事が、その中でどんな位置づけなのかをつかむこと。

取引ではその段階に応じて、さまざまな書類が発生します。書類の意味や役割をしっかり理解して、整理整頓しておくことも大切ですね。

売上管理とは

販売業務を管理する
営業活動を行い見積もりを提案するなど。商品の販売や仕事の受注を管理する。

⇔

在庫を管理する
商品を扱う仕事で、納品手続きや在庫の状態・数量を管理する。

⇔

売掛金を管理する
売上を計上して、売掛金の回収までを管理する。

売上管理とはこの3つの連携なんだ

売上管理の流れを押さえておこう
※商品を販売する場合。

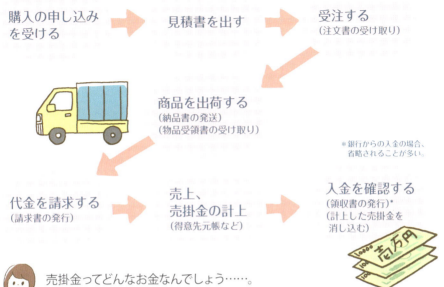

 売掛金ってどんなお金なんでしょう……。

会社間の取引は、商品やサービスを提供した後、一定期間後に支払いが行われる信用取引が大半。いわゆる「掛け取引」です。**売掛金とは、信用取引で、まだ支払われていない代金（売上の未収代金）のこと**をいいます。売上管理の中で、売上を計上するタイミングは、会社によって違います（→下図）。自社の基準を確認してください。

売上計上の４つのタイミング
※商品を販売する場合。

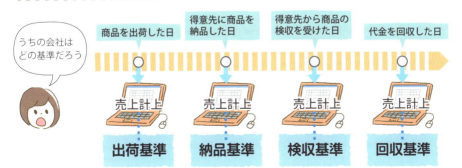

請求書の作成
請求書は決まったタイミングで発行する

請求書は、取引先に代金の支払いを求める書類（証ひょう）です。その書式は、会社ごとに異なります。発行のタイミングには、納品ごとに発行する場合（都度請求）と、一定の締め日に発行する場合（合計請求）があります。

請求書は、会社が売掛金を回収するために欠かせない書類だ。間違いのない内容でもれなく発行しないと、会社に損失をもたらすことになりかねない。

請求書はいつ発行すればいいんですか？

うちの会社は一定の締め日（取引を合計する期日）ごとに、その期間の取引分を請求している。**自社の締め日に発行する場合と、取引先の締め日に合わせる場合があるよ。**取引先ごとに、発行タイミングをリストにして把握しておこう。その月に請求する分の納品書や受領書は、区別してまとめておかないと、請求もれの原因になるので要注意。

合計請求に含める取引の範囲は、自社の売上基準で判断してください（→89ページ）。

発行するまで油断できませんね……。

請求書を発行したら、すぐ請求書の控えはファイルしておき、入金されたら別ファイルに移すんだ。発行後の請求書の管理もしっかりやろう。

Check point

「請求書の発行」

☐ 請求額に間違いはないか（合計請求の場合、もれに注意）。
☐ 発行日は正しいか（締め日を確認）。
☐ 請求書の出し忘れはないか。
☐ 請求書は「未回収」「回収済み」に分けてファイルしているか。

請求書の見本と注意ポイント

請求書 No.000101
20XX年 8月20日

株式会社○○○　御中

〒212-0000
神奈川県川崎市幸区南幸町○-○
株式会社○○
代表取締役社長　山田弘

下記の通りご請求いたします。

| 税込合計ご請求金額 | ￥140,400- | 消費税額 | ￥10,400 |

月日	品名	数量	単価	金額	備考
8/1	商品○○	3	30,000	90,000	
8/10	商品□□	1	40,000	40,000	
	合計金額			130,000	

(お振込先)
○○銀行　川崎支店
普通預金　000000
口座名義　株式会社○○
※9月末日までに上記口座へお振り込みください。
※お手数ですが、振込の際は支払人氏名の前に請求書番号の記入を
　お願いいたします。

- 請求書番号を入れる。問い合わせ対応や入金確認に活用できる。
- 請求年月日は必ず記入する。
- 社印を押す。
- 金額は3ケタごとにカンマを入れる。金額の頭には「￥」、最後には「-」または「※」を入れる。請求金額は、税込の合計金額を目立たせる。
- 決済条件や支払期日を明記する。
- 口座情報(振込先)を入れておく。
- 発送するときの封筒には、「請求書在中」とゴム印などで明記する。他の文書に同封しないこと。

パート3 「売上」と「仕入」の管理

自社の請求書ルールを書いておこう

□ 都度請求　　　□ 合計請求

自社の締め日　　　毎月　　　　日

主な取引先の締め日

社名　　　　　　　毎月　　　　日

社名　　　　　　　毎月　　　　日

社名　　　　　　　毎月　　　　日

画面上で確認するだけでなく、印刷した後に再チェックしよう

売上の帳簿入力

入金を確認したら帳簿ですぐ「消し込み」

通常、売上を計上してから代金を回収するまでには、一定の期間があります。そのため、得意先元帳などの帳簿により、回収期限や入金状況、売掛金残額などを管理する必要があります。

売上は、**まず発生したときに、帳簿に入力する**（売上の計上）。その後入金を確認したら（売掛金の回収）、**帳簿上でその金額を相殺するんだ（売掛金の消し込み）**。

どの帳簿に入力するんですか？

わが社では、売掛金を入金までしっかり管理するため、**売掛金の増減や残高を、取引先ごとにまとめた得意先元帳に入力している**んだ。請求書などから、直接仕訳入力する会社もある。表計算ソフトや会計ソフトの機能を使って、取引先ごとやある月の売掛金の状態を、一覧にすることもできるよ。

売掛金は、正確に管理する必要があるんですね。

売掛金の入金を確認したら、**得意先元帳の記録とつき合せて、入金額に間違いがないかどうかチェック**しよう。もし金額が異なるときは、すぐに原因を調べて対応しなければならない。また、約束の期日に入金されなかったときは、すぐ上司に報告・相談だ。

自社の売掛金入力の流れを書いておこう

売上の計上（売掛金の発生） ▶ **売掛金の回収**（売掛金の消し込み）

いつ ＿＿＿＿＿＿（＿＿＿基準） / いつ ＿＿＿＿＿＿

入力する帳簿 ＿＿＿＿＿＿ / 入力する帳簿 ＿＿＿＿＿＿

得意先元帳の例

売掛金のチェックを行う帳簿（補助簿）。取引先（得意先）ごとにつくる。

請求書や納品書の控えなどから、月日、商品名、数量、単価、売掛金の額を入力する。

回収された月日、入金額を入力する。

得意先元帳

株式会社△△△

20XX年月日	品名	数量	単価	借方	貸方	差引残高
5/1	前月繰越					209,000
5/10	商品○○	3	30,000	90,000		299,000
5/15	回収				108,000	191,000
				270,000	270,000	

売上が発生したら（売掛金が増えたら）借方へ

売上代金を回収したら（売掛金が減ったら）貸方へ

月末の集計で、借方合計（前月繰越＋今月の売上金額）と貸方合計（今月の入金額＋次月繰越）は一致する

売掛金の帳簿入力はこうする

売上を計上する

例 10万8000円（税込）の売上が発生した

借方	貸方
売掛金 108,000	売上 108,000

勘定科目「売掛金」を左に

税込の金額を入力する

※「税込処理」の場合。消費税の扱いについては98ページ。

売掛金が回収された

例 商品の代金10万8000円（税込）が入金された

借方	貸方
普通預金 108,000	売掛金 108,000

「売掛金」を右に

例 入金時に、振込手数料が差し引かれていた場合

借方	貸方
普通預金 107,568	売掛金 108,000
支払手数料 432	

勘定科目「支払手数料」で左に加える

会社によって使う帳簿は違っても、流れは同じだよ

パート3 「売上」と「仕入」の管理

仕入の管理

仕入内容と金額は
納品時と請求時にチェック

商品を仕入れて販売するような業種では、仕入管理も経理の重要な役割です。日々、取引先（仕入先）から適切な金額で商品を仕入れ、その代金を遅滞なく支払うことで、事業は円滑に回っていくのです。

仕入管理では、どんな仕事をするんですか？

商品の発注時には、価格や品質を比較検討して、有利な商品を選ばないといけない。できれば、複数の会社から見積もりをとりたいよね。商品を仕入れた後は、数量や状態を正しく把握する必要がある。仕入れた商品の支払いも期日通りに行わなくてはならない。こうした仕入れにまつわる一連の業務をすることになるよ。

ただ、会社の規模などによって、経理が担当する範囲は違うよ。**必ず行うのは買掛金の管理**だね。

売上の管理と同じで、まず、うちの会社の仕入れの手順を把握しないといけませんね。

そうだね。それから仕入管理では、**複数の部署がかかわることも多いので、部署間で上手に連携、協力することも大切**だよ。

仕入管理は売上管理同様、会社の事業を支える根幹業務なんだ。

仕入管理とは

購買業務を管理する
仕入れる商品を選んで、見積もりをとり、発注するまでを管理する。

⇔

在庫を管理する
発注後の納品確認や、在庫の状態・数量を管理する。

⇔

買掛金を管理する
仕入を計上して、支払いまで買掛金を管理する。

ほかの部門との連携が大切

仕入管理の流れを押さえておこう

購入を申し込む → 見積書を受ける(比較・検討) → 発注する(注文書の発送)

検品・検収＊する
＊納品された商品の数量や状態をチェックした上で、受け取ること

商品が納品される(納品書の受け取り)

代金の請求を受ける(請求書の受け取り)＊ → 仕入、買掛金の計上(仕入先元帳など) → 代金を支払う(領収書の受け取り)＊
＊振込の場合、省略されることが多い。

＊請求書が納品と同時なら現物とつき合わせる。後日なら、発注書などの金額などとつき合わせる。

 買掛金はどんなお金ですか？

 信用取引なのは、売上も仕入も同じです。掛け取引で商品を仕入れて、まだ支払っていない代金（仕入の未払代金）が買掛金です。

　仕入を計上するタイミングには、出荷基準、受入基準、検収基準、支払基準があります。受入基準と検収基準が一般的ですが、自社の基準を確認して、常に同じ基準で計上することが必要です。

仕入計上のタイミング

 いつも同じ基準で計上しなきゃ

仕入先から商品が出荷された日 → 仕入計上 → **出荷基準**

商品が納品された日 → 仕入計上 → **受入基準**

商品を検収した日 → 仕入計上 → **検収基準**

代金の支払いをした日 → 仕入計上 → **支払基準**

パート3　「売上」と「仕入」の管理

仕入の帳簿入力

買掛金は仕入先別にまとめておく

商品を仕入れたら、自社の仕入基準にしたがい帳簿に計上します。代金の支払いは、通常1か月ごとの自社の締め日か、仕入先の指定する期日に行います。仕入を計上してから支払いまで、帳簿でしっかり管理しなければなりません。

仕入の計上は、どの帳簿を使うんですか？

うちの会社は、**取引先ごとの買掛金の増減や残高を把握するために、仕入先元帳に入力する**んだ。直接仕訳入力する会社もある。売掛金同様、表計算ソフトや会計ソフトの機能を使い、仕入先ごとの一覧を作成して管理することもできるよ。

支払い時の注意点はなんですか？

仕入先元帳などで、支払期限をしっかりつかんでおくことだね。未払いの買掛金は月末などに定期的なチェックをして、しっかり把握しておこう。支払金額は請求書などとつき合わせて、間違いのないようにね。**支払い後は、帳簿上で買掛金を相殺（買掛金の消し込み）するのを忘れないこと！**

支払いの遅れや金額の誤りは、会社の信用問題につながります。くれぐれも慎重に処理してください。

自社の買掛金入力の流れを書いておこう

仕入の計上（買掛金の発生）
いつ ＿＿＿＿＿＿＿＿（＿＿＿＿基準）
入力する
帳簿　＿＿＿＿＿＿＿＿＿＿＿＿＿
　　　＿＿＿＿＿＿＿＿＿＿＿＿＿

買掛金の支払い（買掛金の消し込み）
いつ ＿＿＿＿＿＿＿＿＿＿＿
入力する
帳簿　＿＿＿＿＿＿＿＿＿＿＿

仕入先元帳の例

買掛金のチェックを行う帳簿（補助簿）。仕入先ごとにつくる。

仕入代金を支払ったら（買掛金が減ったら）借方へ

仕入が発生したら（買掛金が増えたら）貸方へ

仕入先元帳

株式会社□□□

20XX年月日	品名	数量	単価	借方	貸方	差引残高
7/1	前月繰越					311,000
7/2	商品△△	50	1,000		50,000	361,000
7/7	振込			72,000		289,000
				350,000	350,000	

納品書や請求書などから、月日、商品名、数量、単価、買掛金の額を入力する。

支払いをした月日、振込額を入力する。

月末の集計では、借方合計（今月の支払金額＋次月繰越）と貸方合計（前月繰越＋今月の仕入金額）は一致する

買掛金の帳簿入力はこうする

仕入を計上する

例　5万4000円の商品（消費税込）を仕入れた

借方	貸方
仕入　54,000	買掛金　54,000

税込の金額を入力する

勘定科目「買掛金」を右に

※「税込処理」の場合。消費税の扱いについては98ページ。

買掛金を支払った

例　仕入代金5万4000円（消費税込）を振込みにより支払った

借方	貸方
買掛金　54,000	普通預金　54,000

「買掛金」を左に

預金が減る取引は「普通預金」が右に入るのね

例　上の例で、振込手数料を負担した場合

借方	貸方
買掛金　54,000	普通預金　54,432
支払手数料　432	

勘定科目「支払手数料」で左に加える

パート3　「売上」と「仕入」の管理

消費税の処理
消費税が課税される取引、されない取引がある

消費税は、モノの売買やサービスをしたときにかかる税金です。会社は顧客や取引先から受け取った消費税を納付する必要があります。原則として、決算後に、取引で受け取った消費税額から、支払った消費税分を差し引いた額を納めます。

消費税を帳簿に入力する方法には、税込方式と税抜方式の2つがあるんだ。税込方式は、消費税込みの金額を帳簿に入力していく方法。税抜方式は、消費税を別に計上する方法だ。会社の都合でどちらを選んでもいいけど、いったん選んだら同じ方法を継続しなければならない。多くの会社で採用されているのは税抜方式だね。うちの会社も税抜方式だよ。

取引ごとに、消費税を別に記録していくのはたいへんですね……。

会計ソフトの機能を活用して、税込の金額を入力して自動的に消費税を区別することが多いよ。消費税をきちんと区別しておくことで、売上や仕入金額を正しく把握できるんだ。

自動的に分けられるなら簡単ですね。

消費税は取引の内容によって、課税されるものと課税されないものがあることにも注意（課税区分）。課税区分も勘定科目によって、自動的に振り分けられるけど、こうした知識は持っておく必要があるね。

消費税のかからない取引もある

※この区別は、納付税額の計算の際に必要となる。

免税取引
課税対象だが、外国に日本の消費税を課すわけにはいかないため、免税とされる取引

例　輸出の売上、国際輸送など

非課税取引
税の性質上、また社会政策的な配慮から、課税対象とされない取引

例　土地や有価証券の売却、預貯金の利子など

不課税取引
課税対象ではない取引

例　給与や賞与、役員報酬、冠婚葬祭費、税金、株式の配当など

消費税の帳簿入力はこうする

	税込方式	税抜方式
	消費税込の金額を入力する。納付する消費税額は決算時に計算する。	取引の都度、消費税を分けて入力する。「仮受消費税」「仮払消費税」という勘定科目を使う。

例 売上10万円（消費税8000円）を計上

税込方式
借方	貸方
売掛金　108,000	売上　108,000

税抜方式
借方	貸方
売掛金　108,000	売上　　　　100,000 仮受消費税　8,000

例 仕入2万円（消費税1600円）を計上

税込方式
借方	貸方
仕入　21,600	買掛金　21,600

税抜方式
借方	貸方
仕入　　　　20,000 仮払消費税　1,600	買掛金　21,600

メリット
消費税を別に入力する必要がないため、手間がかからない。

デメリット
売上や仕入の金額に消費税が含まれ、不正確になる。

メリット
消費税は別にまとめられるため、売上や仕入の金額が正確になる。

デメリット
消費税を別に入力するため、手間がかかる。

パート3 「売上」と「仕入」の管理

消費税改正に注目

現在、消費税率は8％。平成29年4月に税率10%になることが予定されている。経過措置などで、新税率の適用時期が異なる場合もある。

税率引き上げ時には、経理業務が煩雑になることが予想されるので、最新情報をチェックして万全の準備を。

会計ソフトでは、一般に税込金額の入力で自動的に税抜処理ができるから、税込処理にあまりメリットはないんだな…

消費税は意外に複雑な税金だ。自分でも勉強して知識を深めよう

集中コラム

預かった消費税と
支払った消費税の差額を納める

消費税は申告・納付が必要な税金です。ただし、規模の小さい会社などは納税を免除される場合があります。

● 1年分をまとめて納める

　消費税は、その年に「預かった消費税（仮受消費税）の合計額」から「支払った消費税（仮払消費税）の合計額」を差し引いた額を納めます。決算のときにこの計算をして、原則として決算日から2か月以内に申告・納付します（→178ページ）。

● すべての会社が納めるわけではない

　小さな規模の会社は、消費税の納付が免除される場合があります。原則的に、「基準期間（前々期、2期前）の課税売上高が1000万円以下の事業者」は、免除される会社となります。ただし、前期（1期前）の事業年度の開始から半年間の課税売上高が1000万円を超え、かつその期間の給与等の支払総額も1000万円を超える場合には、免除されなくなります。

　消費税の納税義務がある会社を「課税事業者」、納税義務のない会社を「免税事業者」といいます。

消費税の納税の原則

預かった消費税	支払った消費税

この差額を納める！

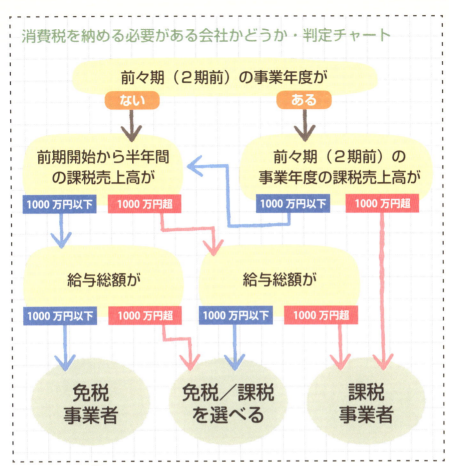

知っておこう！

消費税の計算を簡略化する方法もある

　納税義務があっても、小さな会社では、預かった消費税と支払った消費税を正しく集計・計算するのは手間がかかる。そこで、一定規模以下の会社は、預かった消費税だけから消費税を計算できる制度がある。これを「簡易課税」という（前々期の課税売上高が5000万円以下で、届出書の提出が必要→ 179ページ）。

決算日から2か月以内に消費税の確定申告を行い、納税する。前期の消費税額により、中間申告（→ 179ページ）が必要になる。

ちなみに、支払った消費税のほうが多ければ還付を受けられるぞ

パート3　「売上」と「仕入」の管理

パソコン会計のメリット

簡単・便利だが入力ミスに気をつける

現在の経理は会計ソフトを活用したパソコン会計が主流です。伝票を使わずに、証ひょうから直接会計ソフトに入力する会社も一般的です。計算ミスが生じない、転記が不要など数多くのメリットがありますが、基本的な簿記の知識は欠かせません。

私たちの若いころ、帳簿は全部手書きでした。補助簿から主要簿への転記、間違えたときの修正もたいへんでした。今はパソコンで会計ソフトを使うのが一般的となり、作業がずいぶん簡略化されました。

計算ミスが不安なので、自動的に残高計算されるのがありがたいです！

会計ソフトはすぐれた道具だけど、**実際の入力や内容の判断は人が行う以上、ミスには注意しないといけない**。会社の取引の流れをしっかりつかんでおき、簿記も最低限の知識は身につけておこう。

いったん入力したデータを調整・集計すれば、月次決算（→ 108 ページ）の資料づくりなども簡単にできます。**帳簿データは宝の山です。積極的に活用して経営に役立てたい**ものです。

会計ソフトにより帳簿入力が簡単になった

以前

領収書、請求書などの証ひょう ➡ 伝票の起票 ➡ 帳簿に転記（補助簿や仕訳帳） ➡ 総勘定元帳などに転記 ➡ 帳簿を締め切り試算表を作成

現在（会計ソフトを使用）

領収書、請求書などの証ひょう ➡ 会社によっては伝票の起票 ➡ 帳簿入力または仕訳入力（入力はこの1回） ➡ 他の帳簿には自動転記される ➡ 試算表なども自動集計される

> パソコン会計のメリット

計算ミスや転記ミスが起きない

金額を入力すれば、残高などは自動計算される。また入力データは、関連帳簿に自動転記される。

注意ポイント 金額は入力後に必ずチェック。

簿記の知識が最小限ですむ

帳簿（補助簿）入力なら仕訳は不要。また、仕訳や勘定科目に迷ったら、過去の同様の取引を検索できる。

注意ポイント 勘定科目や金額の「借方／貸方」への入れ間違い。

コピー＆ペースト機能で省力化できる

頻繁に出てくる取引は、以前のものをコピー＆ペーストすればすむ。仕訳パターンを登録できるソフトもある。

注意ポイント 貼りつける内容は十分確認してから。

試算表などが簡単につくれる

会計ソフトの機能を使って、試算表や月次決算資料などが、簡単に集計・作成できる。

注意ポイント ただし、無駄な資料をつくりすぎないこと。

販売管理ソフトや仕入・在庫管理ソフト、固定資産管理用ソフトなどを導入すれば、経理業務はどんどん効率化できるよ

経理業務の効率化は、会社の利益にもつながりますよね。がんばって使いこなします！

パート3 「売上」と「仕入」の管理

書類の整理、ファイリング

書類のファイリングは「誰でも探せること」が大事

領収書や請求書、納品書、伝票などの証ひょうは、取引の証拠となる重要書類です。経理の手順に沿って整理して、処理が終わった後もすぐに検索できるような方法で保管しておかなければなりません。

毎日いろいろな書類が集まって、ごちゃごちゃになりそうです。どう整理しておけばよいでしょう。

現金／預金、未処理／処理済みなど、内容ごとにファイルしておくとわかりやすい。現金や預金ファイルには、領収書などを日付順に入れよう。伝票がある場合は証ひょうと一緒にしておくといいね。
請求書や請求書控えは、いったん「未処理」のファイルに入れて、入金や支払いが完了したら「処理済み」のファイルに移して管理しよう。大切なポイントは、必要になったときすぐに探せて、取り出せることだ。

なるほど。内容別になっていればすぐ探せますね。

会社によってファイリングの方法が決まっている場合は、それにしたがいましょう。「自分なりのやり方」だと、かえって混乱することもあるので注意してください。

帳簿入力をしたら、すぐにファイル！ 「後でまとめて」は間違いの元だ。

Check point

「上手なファイリング」

☐ ファイルは内容別に分けられているか？
☐ 日付順に整理されているか？
☐ 帳簿入力後、すぐにファイルしているか？
☐ ファイルの中は、誰が見てもすぐわかるか？

わかりやすいファイリングのポイント

現金と預金で分ける

領収書など支払い関連の書類

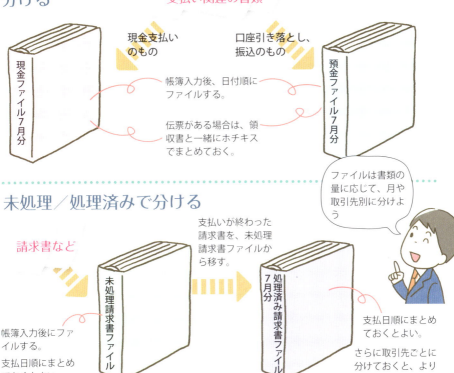

現金支払いのもの / 口座引き落とし、振込のもの

帳簿入力後、日付順にファイルする。

伝票がある場合は、領収書と一緒にホチキスでまとめておく。

ファイルは書類の量に応じて、月や取引先別に分けよう

未処理／処理済みで分ける

請求書など

支払いが終わった請求書を、未処理請求書ファイルから移す。

帳簿入力後にファイルする。
支払日順にまとめておくとよい。

支払日順にまとめておくとよい。
さらに取引先ごとに分けておくと、より検索しやすくなる。

その他、こんなファイルがあると便利

例 （自社発行）請求書ファイル
売上に対する自社発行の請求書。月ごと、未入金／入金済みに分ける。

例 給与関連ファイル
給与計算にかかわる資料。月ごとに分ける。

例 預金残高・入出金ファイル
預金残高証明書や入出金明細書など。月ごとに分ける。

内容に応じて、ファイルの色を変えるなどの工夫も考えてみよう

パート3 「売上」と「仕入」の管理

書類の保存期間

会社の書類は一定期間保存する義務がある

領収書や請求書などの証ひょうやさまざまな帳簿は、支払いが終わったから、決算が済んだからといって、すぐに捨ててはいけません。経理にかかわる書類には、法律で定められた保存期間があるためです。

基本的に、税金にかかわる書類は7年保存（法人税法による）、会社の会計にかかわる書類は10年保存（会社法による）と決まっているんだ。税務調査などで、書類を保存していないことがわかると、青色申告の取り消しなどペナルティを受ける場合もあるんだよ。

長いですね。紙はかさばるし場所の確保もたいへんそうです。

だから、計画的な保管→廃棄のしくみづくりが大切なんだ。そもそも、できるだけ書類を少なくする工夫も必要だね。

会計ソフトのデータなどはどうするんですか？

原則として、「印刷して保存」だけど、税務署の承認を受ければ、データ保存も認められているよ。

書類の保存管理の流れ

書類のファイリング	→	処理の終わった文書は、キャビネットや文書棚にかたづける。	→	前々期以前の文書は、倉庫などにかたづける。	→	保存期間が過ぎたら廃棄する
		当期、前期分は、参照することも多いため、ここで管理する。		期ごとに分けてダンボールに入れ、見える位置に内容を書いておく。		専門業者に依頼するかシュレッダーにかけて処分する。

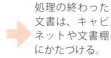
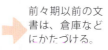
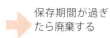

> 主な文書の保存期間

定款、株主名簿、登記書類、税務申告書 など **永久保存**

決算書類（→162ページ）
- 貸借対照表
- 損益計算書
- 株主資本等変動計算書
- 個別注記表

帳簿（→24ページ）
- 仕訳帳
- 総勘定元帳
- 現金出納帳
- 得意先元帳
- 仕入先元帳
- 固定資産台帳

10年保存

証ひょうなど取引関連書類（→18ページ）
- 領収書
- 預金通帳
- 請求書
- 見積書
- 納品書
- 契約書

など

7年保存

パート3 「売上」と「仕入」の管理

インターネットの普及による、取引の変化にも対応が必要だ

知っておこう！

帳簿や書類のデータ保存には承認が必要

　帳簿や書類の保存は「紙」が原則。ネット上の取引（電子取引）の記録も印刷することが必要。
　ただし、事前に税務署に申請して承認されれば、電子取引をデータのまま、さらに紙の書類をスキャンして、サーバやCD、DVDなどで保存することができる。決算書は不可といった条件もあるため、事前によく確認が必要だ。

月次決算①
毎月の業績を
すばやくまとめる

多くの会社では、1か月ごとに帳簿などを集計して、月次決算を行っています。月ごとの業績を把握し、経営方針の判断材料とするためです。こまかい金額の正確さにこだわらず、スピーディに形にすることも重要になります。

月次決算では、どんなことをするんですか。

その月の売上、仕入、経費などを集計して、試算表や経営管理資料をつくるんだ。毎月の経営会議などに間に合うよう、スケジュールを立てて作業しよう。月末が締め日なら、翌月10日ぐらいには完成させるんだ。

締め日から作業スタートですよね。あまり時間がありません……。

スピーディに取りまとめるためには、作業を始めるときに、その月分の領収書や請求書などが手元にそろっている必要がある。立替経費精算書や仮払精算書などの提出が遅れないようアナウンスしたり、取引先に請求書の期日を守ってもらうなど、周囲の協力が欠かせないね。

スケジュール管理が大切なんですね。

しっかりした月次決算を行うことは、決算（→148ページ）の作業を軽減することにもなるんです。気は抜けませんよ。

月次決算のメリットは？

経営判断のための情報をスピーディに提供できる
- 予算と実績の比較ができる。
- 先月、前年同月などとの比較ができる。

決算業務を軽くできる
- 帳簿のミスを早期発見できる。
- 月ごとにデータが整理され、決算作業がスムーズになる。

> 月次決算の作業の流れを確認　※月末が締め日の場合。

締め日が近づいたらアナウンス
（1週間前など）

- 立替経費精算書や仮払精算書の提出を求める。
- 取引先に、月末締めの請求書の送付をお願いする。

みなさん
お願いしまーす

月末（締め日）

立替経費精算書、請求書などを締め切る

- 立替経費精算書などの提出を確認。
- 取引先からの請求書の到着を確認。

確認リストを
つくっておくと便利

試算表（→110ページ）をつくる

- その月の売上、仕入、経費を計上・集計する。
- その月の在庫を確認、月割経費を計上する。
- 試算表自体は会計ソフトなら自動作成できる。

会社によって作業の
内容は異なる。要確認

経営管理資料（→110ページ）をつくる

翌月10日ごろ

経営会議などに提出する

作成した試算表や資料の、整理やファイリングを行う。

月次決算は、月の前半の主要業務。作業内容は決まっているので、予定を立てて上手にスケジュールを管理しよう

知っておこう！

月割（つきわり）経費って何？

　減価償却費や年払いの保険料など、年に一度支払う経費を月割にすること。支払月の経費が、突出して大きくならないようにするために行われる。

パート3　「売上」と「仕入」の管理

月次決算②
試算表は会社の経営判断に活用される

月次決算では、その月の経営成績や財務状態を明らかにする「試算表」をつくります。試算表以外にも、会社にとって有用となる、さまざまな「経営管理資料」をつくる場合があります。

月次決算では、どんな資料をつくるのですか？

基本になるのは試算表だね。その月の利益や資産・負債の状況を、勘定科目ごとに一覧にしたものだよ。いわば月ごとの決算書だね。締め日までの売上や仕入、経費をすべて計上してつくるんだ。

試算表づくりのポイントを教えてください。

その月の立替経費や仮払金をきちんと精算しておくこと、それから、その月の売上となる請求書などの金額をもれなく計上することだ。月次在庫や月割経費など、月ごとに割り振る金額も忘れてはいけないよ。どこからどこまでをその月の売上や経費に入れるのか、十分理解しておこう。

試算表ができれば月次決算は完了ですか？

会社によるけど、月次決算のデータをもとに、経営管理資料をつくることも多いよ。翌月以降の経営方針を決定するために使われるんだ。

月次決算でつくる経営管理資料を書いておこう

1 _____　　4 _____

2 _____　　5 _____

3 _____　　6 _____

その月の取引をまとめて、試算表をつくる

勘定科目ごとの残高を一覧表にする。

1 その月の売上、仕入、経費を計上・集計する
- 立替経費や仮払金を精算する。
- 経過勘定（その月に入れる未払費用、前払費用、未収収益、前受収益→158ページ）の処理をする。

2 月次在庫（その月の在庫）を確認する
- 実際の在庫や、帳簿上の在庫で計算する。
- その月の売上原価（売上を上げるためにかかった費用）を明らかにする。

試算表の完成

3 月割経費を計上する
- 減価償却費や年払いの保険料など。

試算表を見れば、タイムリーな業績をつかめるんだ

経営管理資料にはこんなものがある

予算実績対比表
→ 予算（目標額）と実績を、月ごとにくらべることができる。

月次損益推移表（げつじそんえきすいいひょう）
→ 勘定科目別に、月ごとの変動を確認できる。

資金繰り表（しきんぐりひょう）
→ 数か月先までの資金の動きがつかめる。

売掛金残高一覧表
→ 月末時点の売掛金の残高と細目がわかる。

なんだか難しいです…

こうした資料から、経営の問題点を早期に発見できるんだ。がんばって！

債権管理

回収の遅れは
関係部署とすぐ相談

売掛金は、期限までに回収することが大原則です。ルーズな売掛金管理は、会社の資金繰りにも影響します。入金が遅れている売掛金があれば、すぐに上司や営業担当者に報告して対応しましょう。

売掛金を確実に回収するためのポイントはありますか？

まず、**入金予定日をきちんと把握しておくことが基本**だね。取引先ごとに売掛金の増減と売掛金残高、支払期日などを一覧にした「売掛金管理簿」をつくっておくと便利だよ。

もし支払期日に入金がない場合、どうすればよいですか？

未入金を確認したら、その内容を「回収遅延報告書」などにまとめて、上司や担当者に報告しよう。これはできるだけ早いほうがいいね。営業担当者に遅延理由やいつ入金されるのかなどを確認してもらおう。
新たな入金日が決まったら、帳簿などの入金予定日を変更して、実際に入金されるまで管理を怠らないことが大切だ。

それでも入金されないときは、回収方法を社内で検討して、強く支払いを求めます。法的手続きを行う場合もあります。こうした事態に陥らないよう、日ごろから取引先の状況をチェックしておくことが重要です。

遅延の理由にはこんなケースもある

上司などと相談して予防策を考えよう

請求書の送付が遅かった
送付した請求書が取引先の締め日に間に合わず、翌月分に回されていることがある。

計上基準の違いで締め日に間に合わなかった
自社が「出荷基準」、取引先が「検収基準」を採用している場合、このタイミングのずれで、締め日に間に合わないことがある。

売掛金回収対応の手順を確認

未入金が確認された
↓
上司や営業担当者へ報告する
↓
営業担当者

営業担当者などがその取引先へ連絡して、遅延理由と新たな入金予定日を確認する
→
確認結果の報告を受ける
↓
新たな入金予定日を設定する
↓
入金されるまで確認を怠らない

それでも入金されない場合
督促状の送付／配達証明つきの内容証明郵便による通告／法的手続きなど。

電話で入金催促する場合の基本フレーズ

📞 お忙しいところ恐れ入ります。 ← 感情的にならず、ていねいな口調で。

📞 8月分のお振込みがまだのようなのですが、ご確認いただけますか？ ← 「催促」というより、「確認」という形で。

📞 行き違いで、お振込みいただいておりましたら申し訳ありません。 ← こちらの不備かもしれない旨も伝える。

📞 では、〇日までにお振込みいただけますでしょうか？ ← 支払いの期日をはっきり伝える。

Check point 取引先の「危険な徴候」を見逃さない

- ☐ 入金が遅れることが増えた
- ☐ 分割支払いを頼まれるようになった
- ☐ 経理担当者がよく変わる

※その他、不審な変化に気づいたらすぐ上司に報告しよう。

パート3 「売上」と「仕入」の管理

経理力をもっと高めよう
知っていると便利なショートカットキー

　毎日の仕事で、パソコンに触れない日はないでしょう。パソコンには便利な機能が数多くあり、使いこなせば、それだけ作業を効率化できます。ここでは主に、「Ctrl（コントロール）」キーを使った「ショートカットキー」を紹介します。

ショートカットキーを活用しよう

● Ctrl キーを押しながら使うもの

Ctrl + C	選択部分をコピーする	
Ctrl + X	選択部分を切り取る	
Ctrl + A	すべてを選択する	
Ctrl + V	切り取った部分を貼りつける	
Ctrl + Z	入力を元に戻す	
Ctrl + F	「検索」画面を開く	
Ctrl + H	「置換」画面を開く	
Ctrl + P	印刷する	
Ctrl + N	「新規作成」画面を開く	
Ctrl + O	他のファイルを開く	

● 単独で使える便利なキー

- PgUp　前画面（前ページ）に移動
- PgDn　次画面（次ページ）に移動
- PrtSc　開いている画面を画像として保存（Ctrl＋V で貼りつけられる）

キーボード上部の「F」キーや「Windows ロゴ」キーを使うものもある。調べて試してみよう

114

パート4

1か月ごとの仕事編②

「給与計算」と「年末調整」

給与計算の仕事

給与計算にかかわる
スケジュールをチェック

給与の計算は総務や労務が担当するほか、規模の小さな会社なら、経理が担当したり、分担することも一般的です。1か月に一度必ず行う業務であり、当然ながら間違いは許されない重要業務です。

給与の計算や支給方法は、会社ごとに詳細に決められている。**会社の労働時間や休日など労働条件をまとめた「就業規則」や、給与計算のルールをまとめた「給与規程」の内容をしっかり頭に入れておこう。**また、労働基準法などには、「給与は毎月1回以上支払わなければならない」といった、給与の基本原則が定められている。こうした法律知識も必要だ。

給与計算にコツはありますか？

「給与計算に必要な情報を集める」「給与を計算する」「支給する（振込）」と3段階に分けて考えよう。計算は、総支給額を算出した後に、控除額（給与から差し引く金額）を計算して差し引くという手順になる。計算自体は、給与計算ソフトが行うので心配はいらないよ。

一度流れを頭に入れれば、基本的に毎月同じ作業です。同時に、給与にかかわる1年間の仕事をスケジュールに入れていきましょう。

知っておこう！

給与にまつわる1年間の仕事（例）

毎月	給与計算、源泉所得税の納付、住民税の納付、社会保険料の納付
1月	給与支払報告書、給与所得の源泉徴収票の提出（→ 142ページ）
4月	組織変更と給与改定（給与の見直し）
6月	住民税の特別徴収額の変更（→ 128ページ）
7月	算定基礎届（社会保険）の提出（→ 130ページ） 賞与計算・支払い（→ 134ページ） 労働保険の年度更新（→ 130ページ）
12月	年末調整（→ 138ページ） 賞与計算・支払い

毎月の給与計算はこの手順で行う

※締切日月末、支払日翌 25 日の場合

月末	**給与の締切日**・出勤簿やタイムカードを締め切る。
1日〜10日ごろまでに	**その月の勤怠情報、人事情報を確認する** ・出勤簿やタイムカードから、勤務時間（遅刻、早退、残業など）、出勤日数（出勤、欠勤、有給など）を集計する。 ・給与にかかわる人事情報（入退社、昇給・降給、転勤、転居など）を確認する。 **時間外手当、深夜手当、休日手当などを計算する** ・人事情報の変更があれば給与に反映する。 **控除額、総支給額の確定** **給与から差し引く（控除する）金額を計算する** ・社会保険料、雇用保険料などを計算する。 ・源泉所得税額、住民税額を計算する。 ・控除額を計算後、総支給額から差し引く。 **手取り額の確定** **給与明細書をつくる** ・給与明細書の内容は賃金台帳や源泉徴収簿に記入する。
20日ごろ	**支給手続きをする** ・多くは銀行振込で行うため、銀行の指定日までに手続きを完了させる。
25日	**給与の支給日** ・給与明細書を各社員に配布する。

支給額は毎月同じではない。勤怠確認には細心の注意が必要だ

支給日から逆算して段取りよく作業しよう

パート4　「給与計算」と「年末調整」

給与明細書

給与明細書がわかれば給与計算もわかる

「給与」は、基本給、役職手当、残業手当、家族手当などの合計です。給与から「控除」される金額も社員ごとに異なります。こうした給与の内訳を記した給与明細書を読みとくことで、給与計算の理解につながります。

自分の給与明細書、実はじっくり見たことがありません……。

給与明細書は、大きく「勤怠／支給／控除」の3ブロックに分かれているんだ。支給の項目には、給与のベースである基本給と、上乗せされる諸手当がある。基本給と諸手当の多くは、原則として毎月同額。勤務実績により毎月変わる残業手当に要注意だ。

その次が控除の項目ですね。

給与から差し引く部分だね。社会保険料や源泉所得税、住民税などは、法律で定められている「法定控除」というんだ。それ以外のお金を控除するには、事前に社員との間で取り決めが必要なんだ（協定控除）。給与は社員の生活の糧なので、そこから差し引くものには厳密なルールがあることをおぼえておこう。

だから給与の内容を明らかにする給与明細書は、必ず社員に渡さなければならないんです。自分の給与明細書はしっかり見ておきましょう。

Check point

「給与計算の第1歩」

- ☐ 給与計算のスケジュールを、はっきりつかんでいる
- ☐ 時間外手当や休日手当の計算方法を知っている
- ☐ 自社の手当の種類と内容を知っている
- ☐ 給与から控除する項目と計算方法を把握している

給与明細はこう見る

※書式は例。

体裁は会社によっていろいろだけど、項目の内容はだいたいみな同じだよ

勤怠項目
遅刻・欠勤・早退、残業の日数など、給与計算の基礎となる。

給 与 明 細 書

平成 2X 年 8 月分　　　　　　　　所属　営業部　吉田健人　様

勤怠	出勤日数	有給消化日数	有給残日数	欠勤日数	遅刻・早退
	20	0	4	0	0
	普通残業	深夜残業	休日残業		
	10	0	0		

支給	基本給	役職手当	職務手当	資格手当	家族手当
	200,000	10,000	5,000	5,000	5,000
	住宅手当	残業手当	通勤手当		支給額合計
	5,000	30,000	15,000		275,000

控除	健康保険料	介護保険料	厚生年金保険料	雇用保険料	課税対象額
	15,000	0	28,000	1,800	215,200
	所得税	住民税	財形貯蓄		控除額合計
	5,000	15,000	0		64,800

差引支給額
210,200

控除項目（→122~129ページ）
社会保険料や税金など。会社により、財形貯蓄や社内積立金などを控除する場合もある。

支給項目

固定的給与

毎月決まった金額を支給する。
→上例の残業手当以外。人事情報に変更がないか確認が必要。

変動的給与

勤労の実績により金額は変わる。
→上例の残業手当。法律の定めや就業規則などにより計算が必要。

残業手当（割増賃金）の計算

1 時間当たり賃金　×　割増率　×　時間数　=　割増賃金額

会社の規定を確認。

割増率

時間外労働	125%
深夜労働（22 時~翌 5 時）	125%
休日労働	135%

※時間外労働が深夜労働の場合 150%。休日労働が深夜労働の場合 160%。また、一定規模以上の会社は、時間外労働が月 60 時間を超えた場合、60 時間超の部分は 150%となる。

パート4 「給与計算」と「年末調整」

給与から差し引くもの（控除）①
年金や健康保険の保険料は必ず差し引く

給与から差し引く法定控除（→120ページ）は、「税金」「社会保険料」「労働保険料」です。このうち社会保険料には、厚生年金保険、健康保険、介護保険があります。保険料は、いずれも「標準報酬月額」×保険料率で計算します。

標準報酬月額は、社員に支給する「標準的な給与」を保険料額表（→右ページ）に当てはめて決定させるんだ。「標準的な給与」とは、基本給や通勤手当、残業手当など、社会保険料の対象となる給与の合計だよ。
標準報酬月額に厚生年金保険、健康保険それぞれの保険料率を掛けて、毎月の保険料（厚生年金保険料、健康保険料）を求める。この**保険料を会社と社員が、半分ずつ負担する**んだ。

毎月同じなら計算は楽です。いい制度ですね。

4～6月に残業の多かった社員は、保険料が高くなるということも起きるんだけどね。大きく給与が変動した場合には、年の途中でも標準報酬月額を改定することがあるよ。

40歳以上の社員は、健康保険料と一緒に介護保険料も負担することになります。それからパートやアルバイトも、所定労働時間や所定労働日数＊が一般社員のおおむね3/4以上なら、社会保険の加入対象ですよ。

＊就業規則で定める労働時間、労働日数。

3つの社会保険
※広義には雇用保険、労災保険を含む場合もある。

厚生年金保険
老後の年金支給などを行うしくみ。会社員は厚生年金保険に加入する。会社により「企業年金」が上乗せされる場合もある。

健康保険
病気やケガの際、医療費の給付などを行うしくみ。会社員は全国健康保険協会（協会けんぽ）、または会社や業態ごとの健康保険（組合けんぽ）に加入する。

介護保険
介護が必要になった人に介護サービスなどを提供するしくみ。40～65歳の人が被保険者となり、保険料を納める。

社会保険料の計算は簡単

厚生年金保険料の場合

「厚生年金保険の保険料額表」に報酬月額を当てはめれば、保険料の額がわかる。

例 報酬月額 25万5000円の社員

健康保険料も同様の表があり、当てはめるだけで保険料がわかるんだよ

保険料率は、一定期間ごとに変更される。

○平成27年9月分（10月納付分）からの厚生年金保険料額表

(単位：円)

標準報酬			報酬月額	一般（厚生年金基金加入員を除く）		坑内員・船員（厚生年金基金加入員を除く）	
等級	月額	日額		全額 17.828%	折半額 8.914%	全額 17.936%	折半額 8.968%
			円以上 ～ 円未満				
1	98,000	3,270	～ 101,000	17,471.44	8,735.72	17,577.28	8,788.64
2	104,000	3,470	101,000 ～ 107,000	18,541.12	9,270.56	18,653.44	9,326.72
3	110,000	3,670	107,000 ～ 114,000	19,610.80	9,805.40	19,729.60	9,864.80
4	118,000	3,930	114,000 ～ 122,000	21,037.04	10,518.52	21,164.48	10,582.24
5	126,000	4,200	122,000 ～ 130,000	22,463.28	11,231.64	22,599.36	11,299.68
6	134,000	4,470	130,000 ～ 138,000	23,889.52	11,944.76	24,034.24	12,017.12
7	142,000	4,730	138,000 ～ 146,000	25,315.76	12,657.88	25,469.12	12,734.56
8	150,000	5,000	146,000 ～ 155,000	26,742.00	13,371.00	26,904.00	13,452.00
9	160,000	5,330	155,000 ～ 165,000	28,524.80	14,262.40	28,697.60	14,348.80
10	170,000	5,670	165,000 ～ 175,000	30,307.60	15,153.80	30,491.20	15,245.60
11	180,000	6,000	175,000 ～ 185,000	32,090.40	16,045.20	32,284.80	16,142.40
12	190,000	6,330	185,000 ～ 195,000	33,873.20	16,936.60	34,078.40	17,039.20
13	200,000	6,670	195,000 ～ 210,000	35,656.00	17,828.00	35,872.00	17,936.00
14	220,000	7,330	210,000 ～ 230,000	39,221.60	19,610.80	39,459.20	19,729.60
15	240,000	8,000	230,000 ～ 250,000	42,787.20	21,393.60	43,046.40	21,523.20
16	260,000	8,670	250,000 ～ 270,000	46,352.80	23,176.40	46,633.60	23,316.80
17	280,000	9,330	270,000 ～ 290,000	49,918.40	24,959.20	50,220.80	25,110.40
18	300,000	10,000	290,000 ～ 310,000	53,484.00	26,742.00	53,808.00	26,904.00
19	320,000	10,670	310,000 ～ 330,000	57,049.60	28,524.80	57,395.20	28,697.60
20	340,000	11,330	330,000 ～ 350,000	60,615.20	30,307.60	60,982.40	30,491.20
21	360,000		350,000 ～ 370,000	64,180.80	32,090.40	64,569.60	32,284.80
22	380,000		370,000 ～ 395,000	67,746.40	33,873.20	68,156.80	34,078.40
			～ 425,000	73,094.80	36,547.40	73,537.60	
				78,443.20	39,221.60		

この標準報酬月額により保険料額が決まる（標準報酬月額は、原則として年に一度見直される→130ページ）。

1 報酬月額を表に当てはめる（標準報酬月額がわかる）。

2 その行の金額が厚生年金保険料となる（天引きするのは折半額）＊。

＊端数がある場合は、50銭以下切り捨て50銭超切り上げ。

翌月末日までに、健康保険料とともに年金事務所＊に納める（口座引き落としが一般的）

＊組合けんぽの健康保険料は、それぞれの健康保険組合に納める。

標準報酬月額や保険料率の変更時期には、十分注意してください

給与から差し引くもの（控除）②

雇用保険料は会社と社員、労災保険料は会社が負担する

労働者を1人でも雇っている会社は、原則として労働保険に加入する義務があります。労働保険には雇用保険と労災保険があり、労災保険料は全額会社負担、雇用保険料は会社と社員が負担します。

社員はみんな労働保険の対象ですか？

雇用保険も労災保険も、原則として社員全員が対象だよ。ただし、雇用保険は、**会社役員は対象外**。それから**パートやアルバイトなどの臨時的な従業員も対象外になる**んだ（パートやアルバイトは、週の所定労働時間20時間以上で、31日以上の雇用が見込まれる場合は加入対象）。
また、**64歳になった社員は、次の年度から雇用保険料が免除になる**ので注意しておこう。

保険料の計算はどのようにするのですか。

給与から差し引く雇用保険料は、毎月の給与（基本給＋諸手当＋残業手当＋通勤手当）に保険料率（社員負担率）を掛けて計算する。労災保険は会社が全額負担するので、給与からの控除はないよ。

なお、労働保険料の納付は、会社が年に一度まとめて行うことになっています（→131ページ）。

2つの労働保険

雇用保険
労働者が失業したときの失業給付などを行う。原則としてすべての社員が加入する。

労災保険
業務にかかわる病気やケガについて、医療費の給付などを行う。原則としてすべての社員が加入する。

労災保険料は全額会社が負担するよ

給与から差し引く雇用保険料の計算方法

給与 × 保険料率（社員負担率） = 給与から差し引く雇用保険料
（端数は50銭以下切り捨て50銭超切り上げ）

基本給＋諸手当＋残業手当＋通勤手当

保険料の納付は、年に一度納付書により行う
（→130ページ）

雇用保険料率　※平成28年4月1日～平成29年3月31日

事業の種類	会社負担率	社員負担率	保険料率
一般の事業	7/1000	4/1000	11/1000
農林水産、清酒製造の事業	8/1000	5/1000	13/1000
建設の事業	9/1000	5/1000	14/1000

会社負担のほうが多くなっているんですね

差し引いた保険料を毎月納付する必要はないんだ

雇用保険の対象とならないのは？

社員は原則として対象

対象外

 役員

 昼間学生

 65歳以上で新たに雇用される人

 1週間の所定労働時間20時間未満のパートタイマー

パート4　「給与計算」と「年末調整」

給与から差し引くもの（控除）③
源泉徴収税額表の見方をマスターする

給与には税金（所得税）がかかります。税率は5〜45%の超過累進税率（所得が高いほど負担は重くなる）です。納税は、会社が計算して社員に代わって行います。これを源泉徴収といいます。

給与に対する所得税は、社員の毎月の給与から差し引いて、全社員分をまとめて、翌月10日までに税務署に納めることになっているんだ（期限に遅れると、延滞税や加算税がかかることもあるので注意！）。

社員は申告しなくてすむんですよね。どのように計算するんですか？

税額は源泉徴収税額表を使って算出するんだ。ポイントは、課税対象となる給与金額は、社会保険料などを差し引いた金額だということだね。会計ソフトなどで自動計算することが多いけど、配偶者や子などの扶養親族の数で税額が変わるから、人事情報を正しく反映させることが大切だ。

結婚や出産などの変化は、すぐ報告してもらわないといけませんね。

ちなみに、源泉徴収税額表は、復興特別所得税（所得税額の2.1%）も考慮してつくられている。経理担当者は、こうした税金の情報にも、よく気を配っておこう。

課税対象となる金額の計算のしかた

給与の総支給額 ー 社会保険料 ー 雇用保険料 ＝ 課税対象金額

基本給＋諸手当＋残業手当

通勤手当は10万円まで非課税

この金額を税額表でチェックするのね

源泉徴収税額表はこう見る

例 課税対象金額が20万円、扶養親族妻1人の社員

税額には復興特別所得税が含まれている

「給与所得者の扶養控除等申告書」が提出されていない場合、乙欄の金額となる。

課税対象金額の欄（1000〜3000円きざみ）

扶養親族等の数ごとの税額欄（甲欄）

(二)　　　　　　　　　　　　　　　　　　　　　　　　　　(167,000円〜289,999円)

その月の社会保険料等控除後の給与等の金額		甲								乙
		扶養親族等の数								
以上	未満	0人	1人	2人	3人	4人	5人	6人	7人	税額
円	円	円	円	円	円	円	円	円	円	円
167,000	169,000	3,620	2,000	390	0	0	0	0	0	11,400
169,000	171,000	3,700	2,070	460	0	0	0	0	0	11,700
171,000	173,000	3,770	2,140	530	0	0	0	0	0	12,000
173,000	175,000	3,840	2,220	600	0	0	0	0	0	12,400
175,000	177,000	3,910	2,290	670	0	0	0	0	0	12,700
177,000	179,000	3,980	2,360	750	0	0	0	0	0	13,200
179,000	181,000	4,050	2,430	820	0	0	0	0	0	13,900
181,000	183,000	4,120	2,500	890	0	0	0	0	0	14,600
183,000	185,000	4,200	2,570	960	0	0	0	0	0	15,300
185,000	187,000	4,270	2,640	1,030	0	0	0	0	0	16,000
187,000	189,000	4,340	2,720	1,100	0	0	0	0	0	16,700
189,000	191,000	4,410	2,790	1,170	0	0	0	0	0	17,500
191,000	193,000	4,480	2,860	1,250	0	0	0	0	0	18,100
193,000	195,000	4,550	2,930	1,320	0	0	0	0	0	18,800
195,000	197,000	4,630	3,000	1,390	0	0	0	0	0	19,500
197,000	199,000	4,700	3,070	1,460	0	0	0	0	0	20,200
199,000	201,000	4,770	3,140	1,530	0	0	0	0	0	20,900
201,000	203,000	4,840	3,220	1,600	0	0	0	0	0	21,500
203,000	205,000	4,910	3,290	1,670	0	0	0	0	0	22,200
205,000	207,000	4,980								22,700

2 社員の扶養親族等の数の欄を見る

1 課税対象金額が当てはまるところを見つける

3 1と2がまじわる欄の金額が、源泉所得税額となる（3140円）

知っておこう！

給与以外も源泉徴収あり

講演料などの報酬や原稿料、また、税理士や弁護士、会計士などへの報酬は、支払い時に源泉徴収をする必要がある（計算方法は国税庁ホームページなどで確認）。ただし、支払先が法人なら源泉徴収は不要となる。

原則、翌月10日までに税務署に納める

社員などが常時10人未満の会社は、年2回の納付にできる
　1〜6月の源泉徴収分…7月10日まで
　7〜12月の源泉徴収分…翌年1月20日まで

「源泉所得税の納期の特例の承認に関する申請書」の提出が必要！

パート4　「給与計算」と「年末調整」

給与から差し引くもの（控除）④

住民税は前年分を月割りにして天引きする

住民税は、社員が住んでいる地方公共団体に納める税金です。市区町村に納める市町村民税と道府県民税があります。会社は原則として、社員の給与から住民税を徴収して本人の代わりに納付します。これを「住民税の特別徴収」といいます。

課税される人が自ら市区町村へ納めることを「普通徴収」というんだ。これが原則なので、**会社が代わって住民税を納めることを「特別徴収」**というんだよ。社員の多くは特別徴収だけど、本人が希望すれば普通徴収にもできる。

住民税の計算は、どのように行うんですか？

毎年1月31日までに、前年の給与金額を記載した給与支払報告書（→142ページ）を市区町村に提出することで、市区町村がその年の税額を決定するんだ。住民税は、前年の所得に対する税額を今年納めることになるので注意しよう。

では、特に計算の必要はないんですね。

市区町村からの「特別徴収税額通知書」にしたがって、12等分した額を給与から差し引くことになるよ。ただし、道府県民税と市町村民税の合計額を納めることや、税額には定額部分（均等割）と所得で変わる部分（所得割）があるなど、計算の基本は知っておこう。

道府県民税と市町村民税の合計を納める ※東京都は都民税と区市町村民税

道府県民税
均等割＋所得割

市町村民税
均等割＋所得割

→ 合わせた税額が市区町村から通知される

会社で計算するわけじゃないのね

住民税の特別徴収の流れを確認

1月 給与支払報告書を市区町村に提出する（→ 142ページ）

↓

5月31日まで 市区町村が税額を計算、会社に税額が通知される。（特別徴収税額通知書）

↓

6月〜翌年5月 特別徴収税額通知書により、毎月の給与から住民税を差し引く。

> 6月分は年税額を12分割したときの端数を加えるため、他の月と金額が異なる

↓

原則、翌月10日までにそれぞれの社員の住所地の市区町村に納める。

 知っておこう！

普通徴収の場合は？

社員が普通徴収を選んだ場合は、社員自身が税額通知書を受け取り、通常年4回に分けて納付する（6月、8月、10月、翌年1月）。

前年分を6月〜翌5月に納める

平成28年の給与分	平成29年の給与分

例 平成28年、平成29年の給与に対する住民税はいつ納めるか？

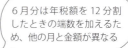

平成29年　平成30年　平成31年

> 源泉所得税とはタイミングが異なる。今納めている住民税はいつのものか把握しておこう

平成28年の給与分は、平成29年6月〜平成30年5月に納める。

平成29年の給与分は、平成30年6月〜平成31年5月に納める。

集中コラム

社会保険料は年に一度見直しが行われる

健康保険料や厚生年金保険料、労働保険料は、毎年変更されます。そのタイミングや変更方法を知っておきましょう。

● 社会保険は、年に一度「算定基礎届」を提出する

社会保険料は4〜6月の給与を基礎にして、1年間の標準報酬月額を決定します。この1年に一度、標準報酬月額を改定する手続きを「定時決定」といいます。なお、社員の給与が大幅に変わったときは、定時決定を待たずに標準報酬月額を改定します。これを随時改定といいます。

定時決定では、年金事務所などに「健康保険・厚生年金保険 被保険者報酬月額算定基礎届」を、7月1日〜7月10日の間に提出します。新しい標準報酬月額は9月から適用します（多くの会社では、10月の給与から新しい社会保険料を控除する）。

また、毎年保険料率の改定も行われるため、こちらにも注意します。

定時決定（算定基礎届の提出）の流れを確認

6月の給与支給額確定後

報酬月額を計算する
・社員それぞれの4〜6月の給与の平均額を計算する。

対象者
7月1日時点のすべての社員（被保険者）。
※6月1日〜7月1日までに入社した人は対象外。

「健康保険・厚生年金保険 被保険者報酬月額算定基礎届」（以下、算定基礎届）に、必要事項を記入する。
・社員ごとに作成する。

7月1日〜7月10日

年金事務所*に提出する ＊健康保険の保険者が健康保険組合なら、加入先の健康保険組合にも提出する。

書類の控えは保管しておく。

9月〜

新しい標準報酬月額を、保険料の計算に適用する。

● **労働保険は、年に一度「年度更新」を行う**

　労働保険料は、4月1日から翌年3月31日までの1年間の保険料を、6月1日から7月10日までの間に申告・納付します（労災保険と雇用保険の合計）。この手続きを労働保険の「年度更新」といいます。

　保険料は、給与総額（対象者全員の合計）に、各保険料率を掛けて計算します。次年度分を前払いすることになっているため、概算額を次年度分として納め、翌年、実際の給与総額により精算します。つまり、毎年この精算による差額と、次年度の概算保険料を合計して納めることになります。

　労働保険料も、法改正による保険料率の改正に注意しましょう。

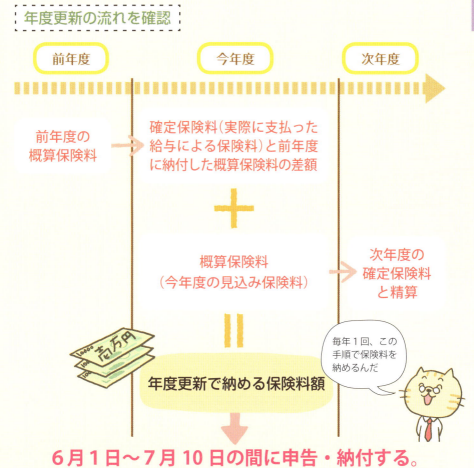

給与の帳簿入力

控除するお金の勘定科目は「預り金」

給与支払いについても、帳簿への入力が必要です。会社により異なりますが、一般に、①給料計算完了時、②給料支給時、③社会保険料や税金の納付時の3回の帳簿入力を行います。

給与の仕訳は、代表的な「複合仕訳」なんだ。

それはどんな仕訳ですか?

借方、貸方のどちらか、または両方が複数の項目になる仕訳だよ。1対1の仕訳と同様、借方と貸方それぞれの合計額は同じになる。

難しそうですね……。

給与は使う勘定科目がほぼ決まっているし、慣れれば大丈夫。右ページを参考に、給与明細の一覧表などから入力していこう。**社会保険料や税金の天引きに「預り金」という勘定科目を使う**んだ。
「預り金」には、会計ソフトの補助科目(勘定科目をさらに区分する科目)を使って、「社会保険料」「所得税」などと区別して入力しておくと便利だ。

知っておこう！

3つの給与関連書類

帳簿とともにこれらの書類も必須。作成の手順を確認しておこう。

賃金台帳
社員ごとに、毎月の給与の支給内容(出勤日数、労働時間、給与の内訳など)を記載してまとめたもの。

源泉徴収簿
社員ごとに、毎月の給与支給額や控除額、源泉所得税額、年末調整の内容などを記載してまとめたもの。

給与明細書
(→ 120ページ)
給与支給時に社員に渡す、給与支給額や控除の内訳などを記載したもの。

給与の仕訳は3ステップ

例 121ページの吉田健人さんの給与仕訳

1 給与を計算したとき

借方		貸方	
給与	275,000	未払金（差引支給額）	210,200
		預り金（社会保険料）	43,000
		預り金（所得税）	5,000
		預り金（住民税）	15,000
		預り金（雇用保険料）	1,800

「未払金」「預り金」を右に

給与支給時に、1の仕訳をする方法もある。その場合は「未払金」を「普通預金」にすればOK

2 給与を支給したとき

借方		貸方	
未払金	210,200	普通預金	210,200

「未払金」を左に

支払い完了で「未払金」を消す仕訳だね

3 翌月、社会保険料などを納めたとき

借方		貸方	
預り金（所得税）	5,000	普通預金	20,000
預り金（住民税）	15,000		
預り金（社会保険料）	43,000	普通預金	86,000
法定福利費（社会保険料）	43,000		

「預り金」を左に

納付ごとに「預り金」を消す仕訳だ。会社負担分の社会保険料は「法定福利費」という勘定科目を使う

賞与の支払い

賞与からも税金と社会保険料を差し引く

賞与の支給は、夏と冬の2回の会社が多いようですが、賞与支給の基準やルールは、給与計算のような法律上の定めがないため、会社の裁量で定められます。賞与支給時の計算は給与と異なるため、手順などをよく確認しておきましょう。

賞与を支給する場合にも、社会保険料や雇用保険料、源泉所得税の控除が必要なんだ。

給与とは計算方法が違うんですか？

社会保険料は、標準報酬月額を使わずに、**社員ごとの支給額（賞与支給額の1000円未満を切り捨てた額）から計算するんだ（標準賞与額）**。標準賞与額に給与と同じ保険料率を掛けた金額が、賞与の社会保険料だ。

源泉徴収はどうなりますか？

源泉徴収は、**「賞与に対する源泉徴収税額の算出率の表」を使う**。この表により税率を確認して（前月の給与支給額を使うのがポイント）、賞与支給額から社会保険料などを控除した金額に税率を掛けるんだ。納付は、その月の給与の源泉所得税と一緒に納めればいいよ。住民税は、給与から12分割して納めているので、賞与からは差し引かないんだ。

┌──────────────────────────────┐
　賞与から差し引くもの／差し引かないもの
└──────────────────────────────┘

○ 所得税
○ 社会保険料（厚生年金保険料、健康保険料、介護保険料）
○ 雇用保険料
× 住民税

それぞれ計算の方法は、給与と少し違うので注意

賞与からの控除額の計算

社会保険料

 標準賞与額 × 保険料率 ÷ 2

「健康保険・厚生年金保険の保険料額表」は使えないのね

賞与の金額から1000円未満を切り捨てた額。

保険料率は、厚生年金保険料、健康保険料、介護保険料とも給与と共通。

雇用保険料

賞与金額 × $\dfrac{4}{1000}$

一般の事業の場合の社員負担率。給与と共通。

所得税

(賞与金額  − 社会保険料等) × 税率

給与計算の「源泉徴収税額表」は使えないのね

税率は「賞与に対する源泉徴収税額の算出率の表」で求める

① 前月の給与支給額から社会保険料等を差し引く。
② 扶養親族等の数を確認する。
③ ①の金額と②を表に当てはめて、税率を求める。

賞与の帳簿入力はこうする

源泉所得税や社会保険料を納付したときも、給与と同様に帳簿入力しよう

例 賞与 50 万円を支給した

借方		貸方	
賞与	500,000	普通預金	422,000
		預り金（社会保険料）	68,000
		預り金（源泉所得税）	10,000

勘定科目「賞与」を左に

※計算時の入力を省略し、支給時に仕訳した場合。

社員の入社・退職時の経理手続きの注意点

新しく社員が入社したり、社員が退職する場合には、経理でもさまざまな手続きが必要になります。基本的なポイントを押さえておきましょう。

● **社会保険料は入社翌月から天引き（翌月徴収の場合）**

新しく社員が入ってくると、まず社会保険（健康保険や厚生年金保険）、雇用保険などの加入手続きが必要です。

社会保険では、「健康保険・厚生年金保険被保険者資格取得届」などを、年金事務所や健康保険組合等に提出します（入社から5日以内）。

雇用保険は、「雇用保険被保険者資格取得届」などをハローワークに提出します（入社の翌月10日までに）。

入社月の給与計算では、下図のポイントに注意してください。入社月の給与から差し引くのは、多くの場合、雇用保険料と所得税のみとなります。

入社時の給与計算チェックポイント

社会保険料などの天引き

- ☐ 入社月の給与 → 雇用保険料のみ差し引く。
- ☐ 入社翌月の給与から → 社会保険料を差し引く（翌月徴収の場合）。

住民税の特別徴収

- ☐ 新卒の場合 → 住民税は差し引かない（翌年6月から差し引く）。
- ☐ 中途入社の場合 → 入社月から差し引く（市区町村へ切替えの届け出をした場合）。

● 最後の給与からの天引きは「退職日」に注意

社員の退職時にも、さまざまな手続きが必要です。まず社会保険では、退職までに年金手帳を預かっている場合は退職者に返却、健康保険証を回収します。

退職日の翌日から5日以内に「健康保険・厚生年金保険被保険者資格喪失届」などを、年金事務所や健康保険組合に提出します。

雇用保険は、退職日の翌日から10日以内に「雇用保険被保険者資格喪失届」「雇用保険被保険者離職証明書」などをハローワークに提出します。

税金関連では、退職年の給与や源泉徴収税額をまとめた「源泉徴収票」をつくって本人に渡します。住民税については、「特別徴収にかかる給与所得者異動届出書」を市区町村に提出します（退職日の翌月10日までに）。

退職時の給与計算チェックポイント

社会保険料の天引き

☐ 月途中の退職 → 退職月の給与から、前月分の社会保険料を差し引く。

☐ 月末の退職 → 退職月の給与から、前月・今月分の社会保険料（2か月分）を差し引く。

住民税の特別徴収

☐ 1～5月に退職 → 退職月の給与や退職金から、残額を一括徴収できる。

☐ 6～12月に退職 → 退職月の給与や退職金から残額を一括徴収するか、本人または次の会社に納付を引き継ぐか、本人に確認する。

知っておこう！

退職金の税金知識

退職金には所得税と住民税がかかるが、「退職所得控除」により税額は大きく軽減される。退職所得控除の適用には、退職金の支給時に、本人から「退職所得の受給に関する申告書」を提出してもらう。

退職所得控除の計算

- 勤続年数20年以下…
  　　　　　　40万円×勤続年数
- 勤続年数20年超の部分…
  　800万円＋（70万円×20年超部分の勤続年数）

→この金額を退職金額から差し引き、さらに1/2にした金額に所得税がかかる

パート4　「給与計算」と「年末調整」

年末調整の流れとスケジュール

1年間の税金の過不足を調整する

年末調整とは、年末に社員の1年間の正しい所得税額を計算して、毎月の給与から概算で徴収した源泉所得税額との過不足を精算するしくみです。12月分の給与支給時にその差額を精算して、年明けの源泉所得税納付時に反映します。

どうして源泉徴収した金額と違いが生じるんですか？

毎月徴収しているのは、年初にその年の給与総額を予測して徴収している仮の所得税額なんだ。実際には、給与は変わることがあるし、生命保険料の控除など反映されていない項目もある。1年間の給与支給額が確定した時点で、ようやく正確な1年間の所得税額が計算できるんだよ。

社員のみなさん1人ひとりについて、確認・計算が必要なんですね。

そう。11月には扶養親族の変化などを確認する書類を社員に提出してもらい、源泉所得税が多すぎれば12月の給与支給の際に還付、少なすぎればその分を徴収することになる。年末は通常の給与計算に、年末調整の作業が加わるので、綿密なスケジュール管理が大切なんだ。

正しい所得税額が確定したら、差額分は年明けに12月分の源泉所得税と一緒に納めます。さらに、1月末までには給与支払報告書（→142ページ）の提出がありますから、気は抜けませんよ。

年末調整とは

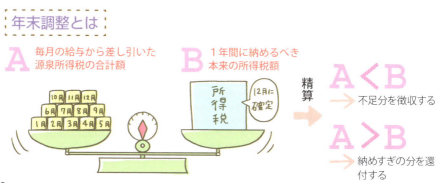

A 毎月の給与から差し引いた源泉所得税の合計額

B 1年間に納めるべき本来の所得税額

精算

A＜B → 不足分を徴収する

A＞B → 納めすぎの分を還付する

年末調整の流れを確認

11月中

必要書類を配付、回収する (→140ページ)

- 締め切りを設けて、11月中には回収する。
- 申告書類を受け取り、内容を確認する。

社員には記入方法をよく説明し、期日を厳守してもらおう

12月の給与支給額の確定後

年間の所得税額（年税額）を確定させる

年税額確定の手順

1. 社員ごとに1年間の給与総額、源泉所得税額を集計する。
2. 給与総額から、給与所得控除や各所得控除などを差し引いて、「課税給与所得」を求める。
3. 課税給与所得から年税額（支払うべき所得税額）を計算する。
   - 住宅ローン控除などの税額控除があれば、年税額から差し引く。

源泉所得税額と年税額の過不足を精算する

- 12月の給与に反映する。

この時期は作業が集中するので、スケジュール管理を綿密に！

源泉徴収票をつくる (→146ページ)

12月の給与を支給する

- 社員に給与明細とともに源泉徴収票を渡す。

翌年1月10日まで

12月分の源泉所得税を納める

- 年末調整による過不足を反映する。

国税庁から送られてくる「年末調整のしかた」は必須。計算に必要な表なども掲載されているよ

1月末日まで

給与支払報告書などを提出する (→146ページ)

年末調整の必要書類

必要書類は期日までに提出してもらう

スケジュール通りに年末調整を行うポイントは、社員から必要書類を期限通りに提出してもらうことです。ミスや記入もれも生じやすいので、提出期限は余裕をもって設定しておきます。

必要書類には、どんなものがあるんですか?

まず、**所得控除の内容を確認する「給与所得者の扶養控除等（異動）申告書」**。この申告内容は、翌年分の源泉徴収税額を計算するためにも必要だ。

✎ 給与所得者の扶養控除等（異動）申告書のチェックポイント

配偶者控除、扶養控除などの適用を判断する書類。

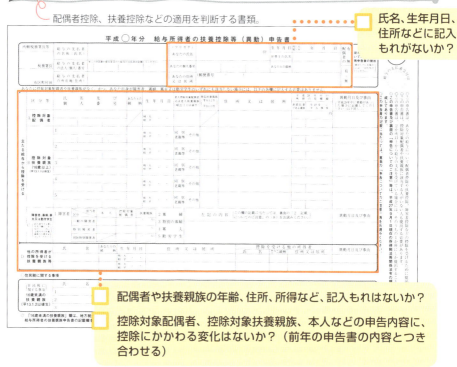

- 氏名、生年月日、住所などに記入もれがないか?
- 配偶者や扶養親族の年齢、住所、所得など、記入もれはないか?
- 控除対象配偶者、控除対象扶養親族、本人などの申告内容に、控除にかかわる変化はないか?（前年の申告書の内容とつき合わせる）

次に「給与所得者の保険料控除申告書 兼 給与所得者の配偶者特別控除申告書」は、生命保険料や地震保険料などの控除と、配偶者特別控除を確認する資料だ。保険会社などの証明書類の添付があるか確認しよう。

そのほか、一定条件を満たす住宅ローンを支払っている社員には「給与所得者の(特定増改築等)住宅借入金等特別控除申告書」を提出してもらう。

きちんと提出してもらえるか心配です。

11月に申告書類を入手したら、すみやかに配付することが第一。配付するときには、書き方や期限厳守の旨を周知しよう。申告内容に変更がないという人も提出は必要だ。

給与所得者の保険料控除申告書兼給与所得者の配偶者特別控除申告書のチェックポイント

生命保険料控除、地震保険料控除、配偶者特別控除などの適用を判断する書類。

□ 氏名、住所が記入されているか？

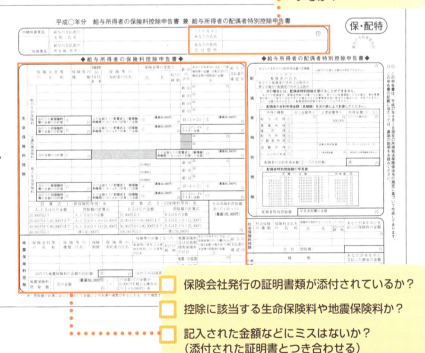

□ 保険会社発行の証明書類が添付されているか？
□ 控除に該当する生命保険料や地震保険料か？
□ 記入された金額などにミスはないか？
（添付された証明書とつき合わせる）

パート4　「給与計算」と「年末調整」

141

源泉徴収票(給与支払報告書)

源泉徴収票は市区町村や税務署にも提出する

源泉所得税の過不足を精算した後は「給与所得の源泉徴収票」をつくって、12月の給与明細書とともに社員に渡します。また、その内容を「給与支払報告書」として、年明け1月31日までに、社員が住んでいる市区町村などに提出します。

給与所得の源泉徴収票（給与支払報告書）は、1年間の給与総額や確定した所得税額、年末調整による申告内容などを記載する重要書類だ。4枚組の書式になっていて、本人に渡すほか、市区町村や税務署にも提出するんだ。

なぜ市区町村や税務署に提出するんですか？

必ず提出が必要なのは市区町村だよ。市区町村はこの給与支払報告書の内容により、翌年納める住民税額を決めるんだ。年の途中で退職した社員の分も一緒に提出するのを忘れないようにね。税務署に提出が必要なのは、給与が500万円超など、一部の社員の分だけだ。

税務署には、一部の人の分だけ提出するんですか？

税務署には、社員以外への支払い分もまとめた「給与所得の源泉徴収票等の法定調書合計表」という書類をつくって、1月31日までに提出する。これに添付する源泉徴収票が一部の人の分だけ、ということだよ。

源泉徴収票はすべての社員分をつくる

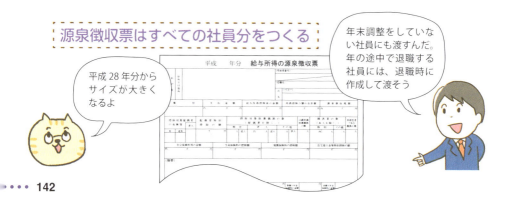

平成28年分からサイズが大きくなるよ

年末調整をしていない社員にも渡すんだ。年の途中で退職する社員には、退職時に作成して渡そう

給与支払報告書は1月31日までに提出する

年税額確定後、給与所得の源泉徴収票
（給与支払報告書）をつくる

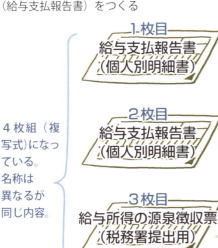

平成28年分から個人番号の記載が必要になる。ただし、社員に交付する分には記載不要だ

知っておこう！

法定調書を税務署に提出する

　上図の「源泉徴収票」のほか、税理士などに一定額以上の報酬を支払った場合は「支払調書」をつくって、支払先と税務署に交付・提出する。
　こうした支払関係書類は「法定調書」といい、法律で提出が義務づけられている。

税金関連は、いろいろな書類があってややこしい。まずは名称とその役割を理解しよう

COLUMN

経理力をもっと高めよう

給与計算の 変更ポイントをチェック

給与計算はミスが許されません。下記のようなチェックポイントに注意して、変更ポイントを見逃さないようにしましょう。昇格・降格、結婚・出産、入社・退職など、給与の変動や身上異動についても、もれがないよう反映します。自分なりに毎月のチェックリストをつくっておくのもよいでしょう。

こんなポイントを見逃していないか

社員の年齢

☐ 40歳になった社員はいないか
（誕生月分から介護保険料の控除を開始）

☐ 4月1日時点で64歳以上の社員（その年度に65歳になる人）はいないか
（4月以降、雇用保険料の控除は不要）

☐ 65歳になった社員はいないか
（誕生月分から介護保険料を徴収しない）＊

☐ 70歳になった社員はいないか
（誕生月分から厚生年金保険料を控除しない）

☐ 75歳になった社員はいないか
（誕生月分から健康保険料を控除しない）

＊65歳以後は居住する市区町村により控除。

保険料の改定時期など

☐ 3月の健康保険料率の改定を反映したか（4月納付分から）

☐ 4月の雇用保険料率の改定を反映したか（4月分から）

☐ 9月の厚生年金保険料率の改定を反映したか（10月納付分から）

☐ 社会保険料の定時決定の変更を反映したか（10月納付分から）

☐ 随時決定による保険料の変更はないか（随時）

☐ 新年度の住民税に改定したか（6月納付分から）

パート5

1年ごとの仕事編

「決算」の流れと「決算書」

必ず押さえたいポイント／キーワード

- 棚卸
- 減価償却
- 引当金
- 経過勘定
- 損益計算書
- 貸借対照表

決算の流れとスケジュール

決算期は経理が最も忙しい時期

経理が年に一度行う重要業務が決算です。会社の1年間のすべての取引を集計して、経営成績や財政状況をまとめた「決算書」をつくります。1年の中で、経理が最も忙しくなる時期です。

決算では、どんなことをするんですか？

決算日で帳簿をいったん締め切って、**1年間（事業年度）の帳簿内容を集計、最終的には決算書（→ 162 ページ）という形にまとめる**んだ。決算のときだけ行う、**決算整理（→ 150 ページ）**という調整作業も必要になるよ。

決算日っていつですか？

会社によって違うけど、3月31日が多いよ。うちの会社も3月31日だから、4月1日から3月31日の帳簿をまとめることになるね。

決算書は、遅くとも決算日から3か月以内には開催される「株主総会」[*1]で承認を受けなければならない。それから、法人税や消費税などの税金は、決算日から2か月以内に申告・納付するのが原則だ[*2]。

つまり決算スケジュールは、決算日から2か月以内に終わらせることを考えて決めるんだ。

* 1　会社の根本規則を定めた「定款」に、開催の時期が記載されている。
* 2　株主総会が決算日から3か月以内に開催される場合、法人税の申告・納付期限を1か月延長できる制度がある。消費税は延長制度がないため、必ず2か月以内に行う。

自社の決算について書いておこう

	事業年度　　月　　日　～　　月　　日
決算の流れ（主な業務）	3月 _____ _____ _____
	4月 _____ _____ _____
	_____ _____ _____
	5月 _____ _____ _____

一般的な決算スケジュールを確認しておこう
※ 3月決算の会社の例。

3月上旬	☐ 決算に向け、社内・社外へ精算書や請求書などの提出をうながす。
3月下旬	☐ 棚卸の準備を行う（→ 152ページ）。
3月末日	**決算日**
	☐ 実地棚卸を行う（→ 152ページ）。
4月	☐ 3月の月次決算を行う。
	☐ 決算整理を始める。 ・売掛金、買掛金の残高を確定する。 ・当期の減価償却費を計上する（→ 154ページ）。 ・引当金を計上する（→ 156ページ）。 ・経過勘定を整理・計上する（→ 158ページ）。
	☐ 決算書をつくる（→ 162〜167ページ）。 （貸借対照表、損益計算書など）　　　税理士に渡す
5月上旬	☐ 税務署から申告書類がとどく。
5月下旬	☐ 定時株主総会を開催する。
	☐ 申告書を提出し、税金を納付する。　申告・納付の期限は5月31日*

いつもの仕事と一緒にやるのか…だいじょうぶかな…

＊土・日・祝の場合はその次の平日。

知っておこう！

決算にかかわる基本用語を押さえる

事業年度
会社の決算をするために定めた期間。会社が自由に決められる。4月1日〜3月31日の1年間とする会社が多い。会計年度ともいう。

期首
事業年度の最初の日。

期末
事業年度の最後の日。決算日。

事前に立てたスケジュールに基づき、税理士と連携して進めていこう

決算整理

決算日時点でいったん帳簿を締め切る

事業年度終了後は、最後の月の月次決算を行って、いったん帳簿を締め切ります。次に、1年間の月次決算を集計した試算表をベースにして、帳簿の数字などがより正確になるよう確認・調整する「決算整理」作業を行います。

決算整理では、まず勘定科目ごとに金額が正しいか確認していく。**現金と預金は実際の残高と帳簿の残高が一致しているかどうか、売掛金・買掛金も残高を確認して正しい金額かどうかチェックする**んだ。大口の取引先には「残高確認書」を送って、返送してもらうこともあるよ。
これらの作業は、3月（事業年度の最終月）までの月次決算が正確に行われていれば、スムーズに進むはずだよ。

やっぱり日々の積み重ねが大切なんですね……。

棚卸もこの確認作業の1つで、決算日時点の在庫を実際に数えて、帳簿上の在庫の数量との調整を行うんだ。
さらに、年に一度計上する減価償却費や引当金を計算して帳簿に反映し、期をまたぐ取引を当期と翌期に振り分ける。こうして、**帳簿の数字をどんどん正確にしていくのが決算整理の目的**だね。

決算作業では、税理士や他の社員との連携も大切です。自分の担当部分だけでなく、全体にも目くばりしておきましょう。

月次決算が決算作業の軽減につながる

月次決算のつど
- その月の仕入や売上を正確に計上
- 減価償却費などを月割りで計上
- 帳簿のミスを修正
- 不明金などを洗い出す

決算時
月次決算の集計を、ほぼ年次の決算の数字として使えるので、スムーズに決算整理作業に入れる。

帳簿の確認作業が楽になるよ

> 代表的な決算整理作業

1 棚卸の実施 （→ 152 ページ）

決算日に在庫の数量を確認して、売上原価（売り上げた商品に対する仕入の費用）を算定する。

→ 当期の売上原価を確定させる

決算日時点の現金と預金、売掛金と買掛金の残高も確認しなきゃ

2 減価償却費の計上 （→ 154 ページ）

当期の経費とする減価償却費を算出する。 → 当期の費用に加える

3 引当金の計算 （→ 156 ページ）

「将来発生するであろう費用や損失」に備える引当金（貸倒引当金など）を算出する。 → 当期の費用に加える

4 経過勘定の処理 （→ 158 ページ）

前払費用、未払費用、前受収益、未入収益など、当期／翌期に入れる金額を区別する。

→ 当期に入る費用・収益を加える
→ 翌期に入る費用・収益を除く

当期最後の月次決算による試算表（決算整理前試算表）をベースにして、決算整理作業による金額を反映していくんだ

決算書をつくる

パート5 「決算」の流れと「決算書」

棚卸
1年間の正確な利益を計算できる

決算時には、店舗や倉庫などにある在庫の数量を、実際に数えて確認する「実地棚卸（以下、棚卸）」を行います。このとき、在庫の欠品や破損も確認します。棚卸により、1年間（当期）の「売上原価」が確定します。

棚卸では、商品の入出庫を管理している帳簿などの記録と、実際に保管されている在庫が一致しているかどうかを確認するんだ。正確な当期の数量を確認するため、原則として決算日に行わなければならない。

どんな手順で行うんですか？

決算日にスムーズに棚卸を実施するためには、早めにスケジュールを立て、事前準備をしておくことが必要だ（右ページ上図の1）。直前にあわてないよう、日ごろから倉庫などは整理整頓しておいてもらおう。

棚卸でわかる、売上原価とは何ですか？

売上原価とは、当期に売り上げた商品に対してかかった仕入費用だ。売上原価が決まると、売上に対する正確な利益がわかる。在庫数量を金額にする評価方法には、いくつかの選択肢があるので（個別法、最終仕入原価法、先入先出法など）、自社のルールを確認しておこう。

売上原価計算の帳簿入力

例 期首商品棚卸高 45万円、期末商品棚卸高 60万円

期首商品棚卸高の振替
（当期商品仕入高に加える仕訳）

借方	貸方
仕入　450,000	商品　450,000

「仕入」が増えるため左に

期末商品棚卸高の振替
（当期商品仕入高から差し引く仕訳）

借方	貸方
商品　600,000	仕入　600,000

「仕入」が減るため右に

当期商品仕入高はすでに帳簿に計上されているので、この2つの仕訳を加えれば売上原価がわかるんだ（右ページ下図の2）

> 棚卸の流れを確認しておこう

1 棚卸の準備をする
- 日程や段取りなど、スケジュールを決める。
- 分担や責任者を決め、棚卸の方法を周知する。
- 棚卸表（商品名や数量などを記入する用紙）を用意する。
- 倉庫などの事前整理を行う。

2 棚卸を実施する
- （例）カウント担当、記録担当の2人一組で行う。
- （例）棚卸表は2枚一組のものを使い、1枚は現物に貼りつけ1枚を集計用にする。

3 棚卸表を回収して集計する

4 集計した数量と帳簿上の数量を照合する

> 棚卸の結果から売上原価を算定する

1 棚卸による在庫を金額にする

評価単価の算出には、自分の会社の評価方法を確認してね

棚卸による在庫数量 × 評価単価 ＝ 期末の在庫の残高（期末商品棚卸高）

2 売上原価を計算する

期首の在庫の残高（期首商品棚卸高） ＋ 当期中に仕入れた商品の合計金額（当期商品仕入高） － 期末の在庫の残高（期末商品棚卸高） ＝ 売上原価

1年間の売上高から売上原価を差し引くと、1年間の利益（売上総利益）がわかるよ

パート5 「決算」の流れと「決算書」

減価償却

当期の経費に加える「減価償却費」を計算する

固定資産台帳に登録している資産（→74ページ）は、年に一度、その事業年度分の減価償却費を計算して計上します。月に一度、月次決算時に月割り分を計上している場合は、年額との端数調整をします。

減価償却とは、長期間使う備品などの購入費を、使う年数に応じて費用にしていく手続きのことだよ。

どのように計算するんですか？

固定資産は、それぞれ種類ごとに耐用年数が定められているので（例・軽自動車4年、応接セット8年など）、その耐用年数で分割して、その年に償却する金額を計算するんだ。償却方法には、**毎年一定額を償却する「定額法」と、毎年一定割合を償却する「定率法」**があるよ。一般的には、最初に大きく費用にできる定率法が有利だね。ただし、建物と無形固定資産は定額法と決まっているんだ。

帳簿では、どのように処理するのですか？

直接法と間接法という2種類があるよ。会社によって異なるので、自分の会社がどちらを採用しているのか確認しよう。

減価償却の考え方 ※定額法の場合。

営業用の軽自動車を100万円で購入。

耐用年数により、分割して経費にする。
↓
軽自動車の耐用年数は4年、定額法の償却率は0.25
→ 100万円 × 0.25 = 25万円

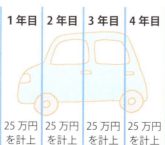

1年目 25万円を計上
2年目 25万円を計上
3年目 25万円を計上
4年目 25万円を計上

耐用年数
あらかじめ見積もられた、その固定資産が利用に耐える年数。資産の種類などにより、定められている。

償却率
耐用年数に応じて決まる、その事業年度に経費化する割合。定額法、定率法により異なる。

減価償却の計算方法は2つ

定額法　毎年一定額を費用にする。

取得価額 × 定額法の償却率 = その事業年度に計上する金額（当期償却額）

どちらの方法でも、耐用年数が終わったとき、減価償却費の累計額は同じになるよ

毎回同じ

費用化　費用化　費用化　費用化　費用化
1年目　2年目　3年目　4年目　5年目

定率法　毎年一定の割合で費用にする。

期首帳簿価額 × 定率法の償却率 = その事業年度に計上する金額（当期償却額）

↑前期までの償却費を差し引いた残額。

次第に金額は減っていく

費用化　費用化　費用化　費用化　費用化
1年目　2年目　3年目　4年目　5年目

減価償却費の帳簿入力

直接法
減価償却資産の勘定科目を減らす。
例　当期の減価償却費 25万円

借方	貸方
減価償却費 250,000	車両運搬具 250,000

減価償却する資産の勘定科目を右に

間接法
資産から減価償却累計額を控除する
例　当期の減価償却費 25万円

借方	貸方
減価償却費 250,000	減価償却累計額 250,000

「減価償却累計額」はマイナスの資産を示す

引当金

「将来発生するであろう費用」に備える

引当金とは、将来発生する可能性が高い費用や損失の発生に備えて、あらかじめ見積額の一部を当期の費用や損失として計上するものです。代表的なものに「貸倒引当金」「賞与引当金」「退職給付引当金」などがあります。

引当金はなぜ必要なんですか？

貸倒引当金は、売掛金や受取手形の一部が回収できなくなった場合に、その損失に備えることができる。賞与引当金や退職給付引当金は、支払いの年に一度に過大な費用を計上しないようにできるんだ。
いずれも発生時には大きな金額になるので、事前に備えておかないと経営を圧迫することもある。会計では、将来発生する費用を見積もることは大切なことなんだ。

なるほど。どのように帳簿に記録すればいいんでしょうか？

引当金の計上は「『○○引当金』を貸方に入れる」とおぼえておこう。引当金の処理のパターンは同じなので、いったんおぼえてしまえば、仕訳は難しくないよ。ただし、計上する金額の計算方法は、会社によって異なるので確認しておこう。

引当金の考え方

将来発生するであろう費用
貸倒リスク、賞与、退職金など

↓

発生の可能性が高く、金額も想定できる。

当期に負担すべき金額を見積もって計上しておく

当期　翌期　…

貸倒引当金の計上
売掛金や受取手形などの貸倒れリスクに備える

例 前期の貸倒引当金の残高15万円、当期の貸倒引当金の計上5万円（計20万円）

差額補充法
当期分を追加計上する

借方	貸方
貸倒引当金繰入 50,000	貸倒引当金 50,000

- 勘定科目「貸倒引当金繰入」を左に
- 貸倒引当金が増えたので右に

洗い替え法
前期分を帳簿から取り消し、当期分を新たに計上する

借方	貸方
貸倒引当金 150,000	貸倒引当金戻入 150,000

借方	貸方
貸倒引当金繰入 200,000	貸倒引当金 200,000

上の仕訳で前期分を消し（勘定科目「貸倒引当金戻入」を右）、下の仕訳で合計額を計上する（勘定科目「貸倒引当金繰入」を左）

自社はどちらの方法で計上しているか確認を

賞与引当金の計上
翌期の賞与支払いのうち、当期負担分を計上する

例 翌年6月の賞与見込み総額のうち、当期分に該当する額800万円

借方	貸方
賞与引当金繰入 8,000,000	賞与引当金 8,000,000

- 勘定科目「賞与引当金繰入」を左に
- 賞与引当金が増えたので右に

知っておこう！

翌期以降にも費用の効果が及ぶ「繰延資産」

当期に支払いは済んでいても、翌期以降にその効果が及ぶ費用を「繰延資産」という。創立費、開業費、開発費など。これらは一括で費用にするほか、一定年数以内で分割して費用にすることもできる。

また、建物を借りるときの権利金など、「税法上の繰延資産」に該当するものは、定められた期間で償却が必要になる。

- 創立費＝会社設立時の会社発起人への報酬、登記費用など。
- 開業費＝営業活動を始めるためにかかった費用。
- 開発費＝新技術や新しい経営体制のために支出した費用。

パート5 「決算」の流れと「決算書」

経過勘定

収益や費用を当期に入れるか翌期に入れるか区別する

経過勘定とは、当期の損益を正しく計算するために、当期に入れる収益や費用と、翌期に入れる収益や費用を振り分けることです。「前払費用」「未払費用」「前受収益」「未収収益」の4つがあります。

どうしてこうした処理が必要なんですか?

簿記の基本ルールとして、お金の受け取りや支払いの有無ではなく、実際に取引が発生した期間に計上する必要があるからだよ。

経過勘定の処理をするものには、どんなものがありますか?

家賃や保険料を1年分一括払いした(前払費用)、当期の借入金の利息を翌期の返済時に一括払いする(未払費用)、地代や家賃の一括払いを受けた(前受収益)、当期にかかる預金の利息や手数料の支払いを翌期に受ける(未収収益)などだよ(→右ページ図)。

ただし、前払費用のうち、支払日から1年以内の家賃や保険料などは、当期の費用として処理してもかまいません(継続してこの処理をすること)。また、取引の金額が少なくて重要性がない場合には、経過勘定の処理をしなくてもよいことになっています。

経過勘定の考え方

収益や費用は、発生した事業年度に計上しなければならない!

すでに収益や費用として計上したが、当期の損益にならないもの ➡ 翌期の収益や費用にする(繰延べ)

まだ計上していないが、当期の損益となるもの ➡ 当期の収益や費用にする(見越し)

決算の数字を正確にするために、この振り分けが必要なんだ

4つの経過勘定と決算時の仕訳をチェック

※例はいずれも3月決算の場合。

■ 前払費用

当期に支払った翌期分の費用を除く。

例 当期9月末日に、10月〜翌年9月までの保険料12万円を支払った。

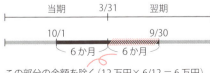

この部分の金額を除く（12万円×6/12＝6万円）

借方	貸方
前払費用　60,000	保険料　60,000
勘定科目「前払費用」を左に	翌期分の保険料が減るので右に

■ 未払費用

翌期に支払う当期分の費用を計上する。

例 当期7月1日に50万円を年利6％で借り入れた。利息（3万円）は翌年6月30日に一括払い。

この部分の金額を計上する（3万円×9/12＝2万2500円）

借方	貸方
支払利息　22,500	未払費用　22,500
当期分の支払利息が増えるので左に	勘定科目「未払費用」を右に

■ 前受収益

当期に受け取った翌期分の収益を除く。

例 当期5月1日に地代24万円（1年分）を受け取った。

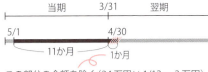

この部分の金額を除く（24万円×1/12＝2万円）

借方	貸方
受取地代　20,000	前受収益　20,000
翌期分の地代が減るので左に	勘定科目「前受収益」を右に

■ 未収収益

翌期に受け取る当期分の収益を計上する。

例 翌期6月30日に当期1月からの預金利息5万円を受け取る（予定）。

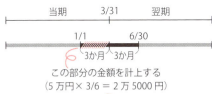

この部分の金額を計上する（5万円×3/6＝2万5000円）

借方	貸方
未収収益　25,000	受取利息　25,000
勘定科目「未収収益」を左に	当期分の受取利息が増えるので右に

決算整理が終わったら金額を最終チェック

決算整理は短期間の集中作業です。すべての作業が終わったら、あらためて、すべての金額を確認、ミスをひろい出しましょう。

　決算整理が終わったら、残高試算表などの形で出力して内容を確認します。もれのないチェックのためには、チェックポイントをリストにしておくと便利です（→右ページ図）。上司や税理士からアドバイスを受けたり、自分なりの注意点を書き込んでおけば、翌期にも役立ちます。また、前期の残高試算表などとつき合わせ、大きく金額が変わっている項目は原因を調べてみましょう。ダブルチェック、トリプルチェックなど、できるだけ多くの目で確認することも大切です。

　こうして利益が確定したら、この後納めるべき税金を計上して（→下図）、決算の数字を確定させます（この作業は税理士が行うのが一般的）。

知っておこう！

未払税金を計上する

決算整理により、当期の利益などすべての金額が確定したら、税金の計算を行い、申告書をつくる（通常、税理士が行う）。

消費税の精算と法人税等（法人税、法人住民税、法人事業税など）の計上は、帳簿に入力して、決算に反映させる。

消費税の精算処理

例　当期の消費税額40万円（受け取った消費税100万円、支払った消費税60万円）、中間申告により20万円は納付済み。

借方	貸方
仮受消費税　1,000,000	仮払消費税　　　　600,000 仮払消費税　　　　200,000 （中間納付） 未払消費税等　　200,000

法人税等の計上

例　当期の法人税等50万円（法人税、法人住民税、法人事業税などの合計）、中間申告により20万円は納付済み。

借方	貸方
法人税等　500,000	仮払法人税等　200,000 （中間納付） 未払法人税等　300,000

合計額でよい

※なお、中間申告の有無などにより、仕訳の方法は変わる。

決算整理後のチェックポイント（例）

勘定科目

- ☐ （現金） 帳簿上の残高と実際の現金残高が一致しているか？
- ☐ （普通預金） 帳簿上の残高と金融機関発行の残高証明書の金額が一致しているか？
- ☐ （売掛金） 得意先ごとの残高は合っているか？
- ☐ （棚卸資産） 実地棚卸の計算に誤りはないか？
- ☐ （前払費用） 翌期に繰り延べる費用を、前払費用として計上しているか？
- ☐ （仮払金） 適正な勘定科目で計上されているか？
- ☐ （固定資産） 減価償却費の計上もれや計算ミスはないか？　＜年の途中の売却や廃棄に注意＞
- ☐ （買掛金） 仕入先ごとの残高は合っているか？
- ☐ （未払費用） 当期で計上すべき費用を、当期の費用として計上しているか？
- ☐ （預り金） 社会保険、住民税、所得税は納付すべき残高になっているか？
- ☐ （借入金） 帳簿上の残高と、金融機関など借入先が発行する証明書の金額が一致しているか？
- ☐ （売上高） 売上の計上もれはないか？　＜決算日近くの売上、仕入に注意＞
- ☐ （仕入高） 仕入の計上もれはないか？
- ☐ （交際費） 交際費以外の支払いが含まれていないか？

疑問に思ったところは、必ず上司や税理士に確認して明らかにしておこう

決算書

1年間の会社の成果を決算書にまとめる

決算書は、株主や債権者、金融機関、取引先など（利害関係者＝ステークホルダー）に対して、会社の事業年度（通常1年間）の経営成績や財政状態などを明らかにする書類です。1年間の経理業務の集大成ともいえる書類です。

決算整理が終わったら、いよいよ決算書の作成だよ。決算書は1つの書類ではなく、貸借対照表、損益計算書などで構成されているんだ。

どのようにつくるんですか？

決算整理の結果を集計した「残高試算表」をもとにして、データをまとめ直すんだ。会計ソフトの機能を使えば、決算書の形に自動作成できるよ。専門的な判断も必要なので、会社によっては税理士が作成することもある。1年間仕訳をしてきた帳簿のデータが、決算書の数字になるわけだね。

いつまでにつくるんですか？

決算日の後に開かれる、（定時）株主総会に間に合わせないといけないんだ。株主総会は、基本的に決算日から2～3か月以内に開催されるよ。

決算書は、翌期以後の経営方針などの検討に不可欠です。その他、金融機関が融資の判断材料にしたり、他社がその会社の経営状態を判断するための資料にもなります。しっかり取り組みましょう。

決算書の役割

決算書
事業活動の結果を報告・公開する

- **銀行など金融機関**
今後の融資などの資料となる。
- **社内**
経営分析に用いるなど、経営判断の資料となる。
- **税務署**
納税額の確認資料となる。
- **他社**
今後の取引などの検討材料となる。
- **株主**
事業活動をチェックできる。

決算書には主に3つの書類がある

貸借対照表

当期末時点の会社の財産の状態を示す書類。資産、負債、純資産に分けて、それぞれの内訳を記載する。「B/S」とも呼ばれる（Balance Sheet の略）。

損益計算書

当期1年間の経営成績を示す書類。収益や費用の内訳を記載し、利益や損失を表していく。「P/L」とも呼ばれる（Profit&Loss Statement の略）。

株主資本等変動計算書

株主が出資した資金の増減を示す書類。

個別注記表

決算書を読むときの注意点をまとめた書類。

会社法で求められる「計算書類」には、決算書に加え、この書類が必要。

この3つがいわゆる決算書類

キャッシュフロー計算書

当期1年間の現金収支の増減の内容を示す書類。

決算書類は、「会社法」などの法律で定められているよ。会社が自由に、つくる書類を選べるのではないんだ

上場企業などはこの書類もつくることになる。

パート5 「決算」の流れと「決算書」

自社で作成する決算書類を書いておこう

1 _____ 2 _____

3 _____ 4 _____

5 _____ 6 _____

163

損益計算書

1年間の「もうけ」から
会社の経営成績がわかる

損益計算書（P/L）は、当期の会社のお金の動きを示す書類です。損益計算書により、会社にとって最も大切な「利益」が明らかになります。いわば会社の1年間の「成績表」です。

会社の利益がわかる書類なんですね。

損益計算書では、1年間の収益（手に入れたお金）と費用（かかったお金）を集計することで、会社の利益（その差額）がわかるんだ。

どのように見ればいいんですか？

まず、**3種類の収益と5種類の費用がある**ことを知ろう（→下図）。損益計算書は大きく、本業の損益を表す「営業損益」、本業以外の損益を表す「営業外損益」、臨時的な損益を表す「特別損益」という、3つのブロックからなっているんだ。
これを上から順に足し引きしていくことで、本業による利益や本業以外の収支を含めた利益など、5段階の利益がわかり、より正確に利益の内容をつかめるんだ。最も重要なのは、本業の収益力を示す「営業利益」だね。

これらの数字を、他社の損益計算書の数字や自社の前期までの数字と比較することで、さまざまな経営分析ができるんです。

損益計算書のポイント

1. 収益には3つの種類がある（売上高、営業外収益、特別利益）。
2. 費用には5つの種類がある（売上原価、販売費及び一般管理費、営業外費用、特別損失、法人税等）
3. 5段階の利益に注目（→右ページ図）。さまざまな経営分析に活用できる。

損益計算書の例とポイント

上から下へ、収入は足して、費用などは引いていくんだよ

損益計算書

自 平成2X年4月1日
至 平成2X年3月31日

(単位・円)

5段階の利益に注目！

❶【売上高】	160,000,000	160,000,000
❷【売上原価】	100,000,000	100,000,000
売上総利益		60,000,000
❸【販売費及び一般管理費】	40,000,000	40,000,000
営業利益		20,000,000
❹【営業外収益】		
受取利息	600,000	
受取配当金	400,000	
営業外収益計		1,000,000
【営業外費用】		
支払利息	2,000,000	
雑損失	10,000	
営業外費用計		2,010,000
経常利益		18,990,000
❺【特別利益】		
固定資産売却益	200,000	
特別利益計		200,000
【特別損失】		
固定資産廃棄損	100,000	
特別損失計		100,000
税引前当期純利益		19,090,000
法人税、住民税及び事業税	6,000,000	
当期純利益		13,090,000

売上総利益
(売上高−売上原価)
粗利ともいい、基本的な収益力を示す。

営業利益
(売上総利益−販売費及び一般管理費)
本業による利益を示す。

経常利益
(営業利益＋営業外収益−営業外費用)
本業以外の収支を含めた利益を示す。

税引前当期純利益
(経常利益＋特別利益−特別損失) 法人税などを差し引く前の利益を示す。

当期純利益
(税引前当期純利益−法人税、住民税及び事業税)
1年間の最終的な利益を示す。

---

❶ 事業活動により得た収益
❷ 売上を上げるためにかかった費用
❸ 販売活動や運営管理にかかった費用。給与や家賃、必要経費など
　　　　　　　➡ 営業損益ブロック

❹ 本業以外で得た収益やかかった費用　➡ 営業外損益ブロック

❺ 本業以外の収益や費用のうち、臨時的なもの　➡ 特別損益ブロック

パート5 「決算」の流れと「決算書」

165

貸借対照表

決算日時点の会社の財政状態を表す

貸借対照表（B/S）は、決算日時点の、会社の財政状態を明らかにする書類です。会社が持っている資産や負債、それらの調達方法や運用の状態を一覧することができます。

貸借対照表で、**会社が事業の資金をどうやって集めて、それをどのような形で使っているのか、どんな資産をどれだけ保有しているかがわかる**んだ。

どのように見ればいいんですか？

大きく3つのブロックに分かれているよ。**左側の「資産の部」は資金を活用して得たもの（運用の状態）、右側の「負債の部」と「純資産の部」は、事業資金の調達方法を示している**。「資産の部」の合計額と「負債の部」「純資産の部」の合計額は必ず同じになるんだ。

「流動○○」「固定○○」という項目が目につきます。

まず、事業活動により生じた資産や負債は、流動資産／負債となる。それ以外の資産や負債のうち、1年以内に変動するもの（現金化や返済など）は流動資産／負債、1年を超えて変動しないものは固定資産／負債となるんだ。現金に換えやすいものほど上に表示する、というルールもあるよ。

貸借対照表のポイント

1. 3つのブロックに分かれている（資産の部、負債の部、純資産の部）。
2. 日々の事業活動による資産と負債は「流動」に入る。
3. 2以外の資産と負債は、短期なら「流動」、長期なら「固定」に入れる。

貸借対照表の例とポイント

ブロックごとに金額をつかむと理解しやすいよ

会社が持っている財産

借入金など、将来の返済義務があるもの

貸借対照表
平成 2X 年 3 月 31 日現在

(単位・円)

資産の部		負債の部	
科目	金額	科目	金額
【流動資産】	97,600,000	【流動負債】	74,700,000
現金及び預金	35,000,000	買掛金	40,000,000
売掛金	58,000,000	短期借入金	16,000,000
有価証券	600,000	未払金	10,000,000
商品	5,000,000	未払法人税等	1,700,000
前払費用	1,000,000	未払消費税等	3,000,000
貸倒引当金	△ 2,000,000	前受金	4,000,000
【固定資産】		【固定負債】	25,000,000
(有形固定資産)		長期借入金	25,000,000
建物附属設備		**負債合計**	**99,700,000**
器具備品	30,000,000	純資産の部	
減価償却累計額	△ 10,000,000	【株主資本】	59,600,000
(投資その他の資産)	6,700,000	(資本金)	10,000,000
出資金	4,000,000	(利益剰余金)	49,600,000
長期貸付金	2,000,000	繰越利益剰余金	49,600,000
長期前払費用	700,000	**純資産合計**	**59,600,000**
資産合計	**159,300,000**	**負債・純資産合計**	**159,300,000**

会社の資本金や利益など

この金額は必ず同じになる。

---

❶ 事業活動により生じた資産や、1年以内に現金化できる資産。上から現金化しやすい順に並んでいる。

❷ 1年を超えて長期に使用・保有する資産。

❸ 事業活動により生じた負債や、1年以内に支払いをする負債。上から返済期限の早い順に並んでいる。

❹ 支払期限が1年を超える長期の負債。

❺ 株主からの出資やこれまでのもうけなど。返済の必要のない資金。

パート5　「決算」の流れと「決算書」

税金の申告と納付

決算終了後は法人税などの税金を納める

決算書は株主総会の承認を経て、その事業年度のすべての数字が確定します。この決算書に基づき、各種の税務申告書を作成、税務署や市区町村に提出して税金を納めます。これにより、この事業年度の経理作業が完了します。

どんな税金がかかるんですか?

会社の1年間の所得に対してかかるのが、**国に納める法人税と地方法人税、市区町村や都道府県に納める法人住民税、法人事業税**だね。それから**取引の中で預かった消費税も納めないといけない。**

いつまでに納めるんですか?

上にあげた税金は、原則、**決算日から2か月以内に申告・納付する**ことになっているよ。期限に遅れると、延滞税や加算税がかかるので注意が必要だ。株主総会の開催時期などの問題で、期限を決算日から3か月以内に延ばすこともできる。ただし、消費税には申告期限の延長はないので注意。

納付後の帳簿入力

税理士などと連携して間違いなく進めよう

消費税の納付

例 消費税20万円を納付する

借方	貸方
未払消費税等 200,000	普通預金 200,000

勘定科目「未払消費税等」を左に

法人税等の納付

例 法人税等50万円（法人税、法人住民税、法人事業税など）を納付する

借方	貸方
未払法人税等 500,000	普通預金 500,000

勘定科目「未払法人税等」を左に

1年間の納税スケジュールを確認

※3月決算の会社の場合。

4月
10日まで
源泉所得税の納付
住民税の納付（特別徴収分）

決算日から2か月以内が原則！

5月
10日まで
源泉所得税の納付
住民税の納付（特別徴収分）
31日まで
法人税、地方法人税の申告・納付
消費税の申告・納付
法人住民税、法人事業税の申告・納付

自動車税の納付

6月
10日まで
源泉所得税の納付
住民税の納付（特別徴収分）
［納期の特例の場合］住民税の納付（特別徴収分・年2回）

固定資産税の納付（第1期分）*
*東京23区の例。

7月
10日まで
源泉所得税の納付
［納期の特例の場合］源泉所得税の納付（年2回）
住民税の納付（特別徴収分）

8月
10日まで
源泉所得税の納付
住民税の納付（特別徴収分）

9月
10日まで
源泉所得税の納付
住民税の納付（特別徴収分）

固定資産税の納付（第2期分）*
*東京23区の例。

10月
10日まで
源泉所得税の納付
住民税の納付（特別徴収分）

11月
10日まで
源泉所得税の納付
住民税の納付（特別徴収分）
30日まで
消費税の中間申告・納付（前年の税額60万円超の場合）
法人税、地方法人税の中間申告・納付
法人住民税、法人事業税の中間申告・納付

12月
10日まで
源泉所得税の納付
住民税の納付（特別徴収分）
［納期の特例の場合］住民税の納付（特別徴収分・年2回）

固定資産税の納付（第3期分）*
*東京23区の例。

1月
10日まで
源泉所得税の納付
住民税の納付（特別徴収分）
20日まで
［納期の特例の場合］源泉所得税の納付（年2回）
31日まで
法定調書合計表などの提出
給与支払報告書などの提出
償却資産税の申告

2月
10日まで
源泉所得税の納付
住民税の納付（特別徴収分）

固定資産税の納付（第4期分）*
*東京23区の例。

3月
10日まで
源泉所得税の納付
住民税の納付（特別徴収分）

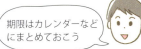
期限はカレンダーなどにまとめておこう

※消費税の中間申告・納付は、前年の税額により、年3回または毎月納付になることもある。

パート5　「決算」の流れと「決算書」

経理力をもっと高めよう
マイナンバー制度の知識

　平成28年から「マイナンバー制度」がスタートしました。年金や医療などの社会保障、税金に関連する行政手続きを効率化して、国民の利便性を高めるための制度です。社会保険や税金の手続き全般にかかわり、会社は個人番号の管理体勢を整える必要があります。出てくる情報をしっかりキャッチアップしておきましょう。

マイナンバー制度の概要

平成27年

個人には12ケタの番号（個人番号＝マイナンバー）＊、
会社には13ケタの法人番号が通知された。

＊平成28年1月以降、本人が申請すれば「個人番号カード」が交付される。

平成28年提出分から

社会保障や税務関連の書類に、マイナンバーの記載が必要になる。

例
- 年末調整書類、源泉徴収票＊（給与支払報告書）、支払調書＊、法人税の申告書など、税務関連書類
- 雇用保険の資格取得届・喪失届など、労働保険関連書類
- 社会保険の被保険者資格取得届・喪失届など、社会保険関連書類は、1年遅れ、平成29年提出分からとなる。

＊社員や支払先への交付分は記載不要。

巻末付録

経理担当者が知っておきたい

① 税金の
  基礎知識

② 経理の仕事・
  おさらい編

会社をとりまく税金

会社に対して課される税金には多くの種類があります。代表的なものに、会社の「所得」（→174ページ）に対して課される「法人税」、商品の販売やサービスの提供に対して課される「消費税」があります。会社が所在する都道府県や市区町村からは、「法人住民税」や「法人事業税」も課されます。また、毎月支給する給与などからは、源泉徴収により、社員の「所得税」を差し引かなければなりません。

こうした**税金の種類により、計算方法や納付先などが違ってきます。**

代表的な税金の種類と分類

分類区分　　　　　　　　　　税　金　の　種　類

課税対象

所得課税
個人や法人の所得にかかる。
例 法人税、所得税、法人住民税、法人事業税など

消費課税
商品の販売やサービスの提供にかかる。
例 消費税、地方消費税など

資産課税
個人や法人の持つ財産にかかる。
例 固定資産税、自動車税、印紙税など

納付先

国税
国の行政サービスのために納める。
例 法人税、所得税、消費税など

地方税
市区町村や都道府県の行政サービスのために納める。
例 法人住民税、法人事業税、地方消費税、個人住民税など

納め方

直接税
税金を負担する人が直接納める。
例 法人税、所得税、相続税、固定資産税など

間接税
税金を負担する人と納める人が異なる。
例 消費税、酒税、たばこ税など

申告納税
納税者が自ら税額を計算して納める。
例 法人税、所得税、相続税、消費税など

賦課納税
国や自治体が税額を計算して、納税者に通知する
例 固定資産税、自動車税、個人住民税など

法人税は、「所得課税」で「直接税」で「申告納税」する「国税」ということになるね

法人税

法人税とは、会社の「所得」に対して課される税金です。事業年度（通常1年間）ごとの所得の額に、法人税率を掛けたものが法人税額です。法人税の税率は、平成28年4月以後に始まる事業年度から、23.4%または15%となっています。決算終了後に税額を計算し、法人税申告書を作成して税務署に申告・納付します。

なお、赤字であっても申告は必要です。また、黒字だった場合、翌期に入って、中間申告・納付も行うことになります（→174ページ）。

法人税の計算

課税所得金額 ✕ 税率 ＝ **税額**

資本金1億円超の会社		**23.4%**
資本金1億円以下の会社	所得のうち800万円以下の部分	**15%**
	所得のうち800万円超の部分	**23.4%**

「地方法人税」を納めることになった

平成26年10月以後に始まる事業年度から、法人税を納める会社は、「地方法人税」として、法人税の4.4%を納める（法人税の申告と同一の申告書を使う）。法人住民税の一部を国税化したもので、徴収後に地方に配分されるしくみ（平成29年度から10.3%に引き上げ）。

巻末付録① 税金の基礎知識

会社がもうけた金額が「所得」として課税対象になります。なお、会計と税法の考え方の違い*から、所得の範囲は、決算時に算出した利益（収益－費用）とは少しずれることに注意が必要です。

所得は「益金」から「損金」を差し引いた金額です。法人税の計算では、決算書の収益と費用（および損失）について、益金となるもの／ならないもの、損金となるもの／ならないものを区別して、金額調整をすることになります（申告調整）。

*会計→期間の損益を正しく把握する。
　税法→公平に課税が行われるようにする。

益金と損金の調整が必要になる

課税所得金額 ＝

決算による利益（当期純利益）**加算項目** 益金算入と損金不算入の項目 － **減算項目** 益金不算入と損金算入の項目

- 益金算入の例　…売上計上もれ
- 損金不算入の例　…交際費の一部や役員賞与
- 益金不算入の例　…法人税の還付金
- 損金算入の例　…欠損金の繰越控除額

[申告・納付]

確定申告・納付

➡ **決算日から2か月以内に税務署へ**

（株主総会が決算日の3か月以内で、2か月以内に決算が確定できない場合は、3か月以内に延長することができる）

中間申告・納付

➡ **決算後6か月を経過した日から、2か月以内に税務署へ**

〔前期の法人税額が20万円以下なら不要〕

次の2つの方法がある。
① 前期実績の1/2を申告・納付する。
② 期首から6か月の期間を1つの事業年度とみなして、仮決算を行い申告・納付する。

法人住民税／法人事業税

会社の所得にかかる税金には、国税である法人税のほかに、地方税である法人住民税や法人事業税があります。

法人住民税は、会社の事業所のある都道府県と市区町村に納める税金です。税額は法人税額をもとに計算されます。道府県民税と市町村民税に分けて申告・納付します（東京23区は都に納める）。

法人事業税は、会社の「事業」に対してかかる税金で、都道府県に納めます。 会社の所得をもとに計算されます。

法人住民税の計算

均等割 ＋ 法人税割（法人税額×税率） ＝ 税額

- 均等割：会社の規模などに応じて定額がかかる。
- 法人税割：会社の所得によって幅があり、自治体によっても異なる。
- 税額：それぞれ、道府県民税、市町村民税がある。

法人事業税の計算

課税所得 × 税率 ＝ 税額（所得割）

- 課税所得：法人税と同様。
- 税率：会社の所得によって幅があり、自治体によっても異なる。
- 税額（所得割）：これに地方法人特別税（法人事業税額×税率）が上乗せされる。

[申告・納付]

確定申告

➡ 決算日から2か月以内に、
法人住民税（市町村民税）は市区町村へ
法人住民税（道府県民税）、法人事業税は都道府県税事務所へ
※申告・納付の延長、中間申告・納付の方法は、法人税と同様

資本金1億円超の会社は「外形標準課税」

資本金1億円超の会社は、上記の所得割のほかに「付加価値割」や「資本割」を納める。これを外形標準課税という。

巻末付録① 税金の基礎知識

所得税（源泉所得税）

所得税とは、個人が得た所得にかかる税金です。原則として、所得を得た本人が1年に一度、確定申告により納めます。

しかし、**会社が支払う給与や一定の報酬などは、会社（源泉徴収義務者）が所得税を計算して、支払い時に差し引いて納めます。** これが源泉所得税です。ただし、この税額は概算であるため、給与の場合は年末調整、報酬などの場合は確定申告により、正しい税額との精算が必要になります。

社員については、給与だけでなく賞与や退職金からも源泉徴収を行います。

源泉所得税の計算（代表的なもの）

給与、賞与	それぞれの源泉徴収税額表に、支給額（社会保険料などの差し引き後）と扶養親族等の数を当てはめて算出する（給与→ 126 ページ、賞与→ 134 ページ）。
退職金	（支給額－退職所得控除額*） × 1/2 ×所得税率 ＊勤続年数 20 年以下＝ 40 万円×勤続年数。 　勤続年数 20 年超＝ 800 万円＋ 70 万円×（勤続年数－ 20 年） 注・社員から「退職所得の受給に関する申告書」の提出を受けている場合。
弁護士、税理士などへの報酬、個人への原稿料、講演料など	支払金額× 10.21％* ＊ 1 回の支払金額が 100 万円超の場合は、100 万円超の部分は 20.42％。
司法書士、土地家屋調査士などへの報酬	（支払金額－ 1 万円）× 10.21％

「復興特別所得税」も差し引く

復興特別所得税とは、東日本大震災からの復興財源を確保するために、平成 25 年から平成 49 年までの所得税に上乗せされる税金。税率は所得税額の 2.1％。源泉徴収の際は、所得税とともに差し引く必要があるので注意が必要。

所得税を納める人は、**原則として自ら税額を計算して確定申告を行います**。基本的に、収入から収入のためにかかった必要経費を差し引いた金額に、所定の税率を掛けて計算します（所得の種類により、多少計算は異なる）。また、個人的な条件などに応じて、所得控除や税額控除を差し引くことができます。

年末調整を受けた会社員も、**医療費控除など、年末調整対象外の控除がある場合**は、確定申告を行うことで税金が還付されることもあります。

巻末付録① 税金の基礎知識

所得税の税率（速算表）

税額＝課税所得金額×税率－控除額

課税所得金額	税率	控除額
195万円以下	5%	0円
195万円超 330万円以下	10%	9万7500円
330万円超 695万円以下	20%	42万7500円
695万円超 900万円以下	23%	63万6000円
900万円超 1800万円以下	33%	153万6000円
1800万円超 4000万円以下	40%	279万6000円
4000万円超	45%	479万6000円

所得税は「超過累進税率」　所得税は所得が多いほど税率が高くなる。ただし、高い税率が適用されるのは、その超過金額に対してのみ（超過累進税率）。たとえば、所得金額500万円の場合、195万円以下の部分は5％、330万円以下の部分は10％、330万円を超える部分が20％となる。

［申告・納付］

源泉所得税

➡ **源泉徴収の翌月10日までに税務署へ**

● 給与を支給する社員が常時10人未満の会社なら、年2回の納付にできる（要申請）

1～6月までに源泉徴収した所得税→7月10日までに
7～12月までに源泉徴収した所得税→翌年1月20日までに

所得税の確定申告

➡ **所得のあった年の翌年2月16日から3月15日＊までに税務署へ**

＊土・日・祝の場合、次の平日が期限となる。また、還付申告なら1月から受けつけている。

消費税

 消費税とは、国内での商品の販売やサービスの提供などにかかる税金です。 納税者と税金負担者が異なる間接税です。消費税を負担するのは消費者ですが、納付は会社などの事業者が行います。

消費税（国税）と地方消費税（地方税）の2つがあり、税率は、平成26年4月から8％（国税6.3％、地方税1.7％）となっています。**平成29年4月には、10％（国税7.8％、地方税2.2％）となり、軽減税率制度も始まる予定**です。

消費税負担の流れ（例）

＊お酒や外食を除く飲食料品と週2回以上発行の新聞の定期購読料は税率を8％に軽減。

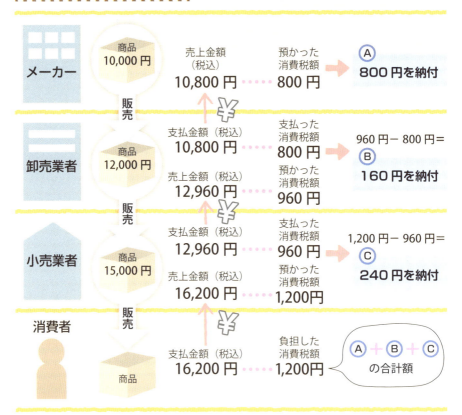

会社などの事業者は、**決算の数字が確定したら、その事業年度に納める消費税額を計算して、申告・納付**します。納付税額は、売上などの取引で預かった消費税の合計から、仕入などの取引で支払った消費税の合計を差し引いた金額です（一般課税方式。その他、簡易課税方式という方法もある→101ページ）。

法人税と同様、**前期の納付額により、翌期には中間申告が必要になる場合があります**（→下図）。

消費税の計算

一般課税方式

預かった消費税額（課税売上高×8％） − 支払った消費税額（課税仕入高×8％） = 消費税額

簡易課税方式

預かった消費税額（課税売上高×8％） − 預かった消費税額（課税売上高×8％）×みなし仕入率 = 消費税額

業種により40％から90％。

申告・納付

確定申告・納付 ⇒ 決算日から2か月以内に税務署へ（地方消費税額も合わせて）
（法人税のような延長制度はない。）

中間申告・納付

前期の消費税額＊	中間申告・納付回数	中間申告・納付期限
48万円超 400万円以下	1回	半期末から2か月以内
400万円超 4800万円以下	3回	3か月ごとの各四半期末から2か月以内
4800万円超	11回	毎月末から2か月以内

＊国税分の消費税額で判定する。

その他の税金

印紙税
(→ 54 ページ)

取引などで使用する、一定の文書にかかる税金。

税額 文書の種類や記載金額により異なる。

いつまでに／どこへ
➡ 文書ごとに収入印紙を貼ることで納める。

登録免許税

会社や不動産などの登記するときにかかる税金。

税額 不動産登記や法人登記など、登記内容により異なる。

いつまでに／どこへ
➡ 登記手続きの際に、専用の納付書により納める。

固定資産税

会社が持っている土地や建物、その他の固定資産にかかる税金。

税額 課税標準額（固定資産税評価額など）× 1.4%（標準税率）

いつまでに／どこへ
➡ 市町村（東京 23 区は都）からの納税通知書により、1 年分を年 4 回に分けて納める。

自動車税

会社が持っている自動車にかかる税金。

税額 排気量などにより異なる（エコカー減税あり）

いつまでに／どこへ
➡ 都道府県からの納税通知書により、年に一度（一般に 5 月）、都道府県に納める。

注・軽自動車は「軽自動車税」を市町村に納める。その他、自動車には取得時、車検時などにも税金がかかる。

税金の種類によって納め方が違うので注意が必要ね

毎年、税制改正により税率や内容に変更が出る。改正情報は必ず確認しておこう

経理の仕事・おさらい編

本書で解説した経理ポイントを、クイズ形式にしてみました。
いずれも、確実に押さえておきたい基本ばかりです。
きちんと頭に入っているか、確認してみましょう。

解答は190ページ

巻末付録② 経理の仕事・おさらい編

パート1　（経理の入門知識編）「簿記」と「仕訳」

問題1 空欄に適切な言葉を入れてください。

①
家計簿やこづかい帳を [　　　] 簿記、会社の帳簿を [　　　] 簿記という。

②
「資産」が [　　　] ときは借方に入れる。[　　　] ときは貸方に入れる。

「負債」が [　　　] ときは借方に入れる。[　　　] ときは貸方に入れる。

「純資産」が [　　　] ときは借方に入れる。[　　　] ときは貸方に入れる。

「費用」が [　　　] ときは借方に入れる。[　　　] ときは貸方に入れる。

「収益」が [　　　] ときは借方に入れる。[　　　] ときは貸方に入れる。

問題2 次の勘定科目の入るグループの番号を、（　）に入れてください。

租税公課（　　）　前払費用（　　）　売上（　　）　預り金（　　）

支払利息（　　）　資本金（　　）　仕入（　　）　現金（　　）

買掛金（　　）　車両運搬具（　　）　受取利息（　　）　減価償却費（　　）

【グループの番号】
資産＝1　負債＝2　純資産＝3　費用＝4　収益＝5

パート2（毎日の仕事編）　「現金」と「預金」の管理

問題1　空欄に適切な言葉を入れてください。

❶

領収書に記載されるべき内容は、　◻◻◻　、　◻◻◻　、管理番号、

◻◻◻　、　◻◻◻　、収入印紙＊、　◻◻◻　の7つ。

＊金額などによる。

❷

10万円の領収書には、　◻◻◻　円　の収入印紙が必要。

250万円の工事請負契約書には、　◻◻◻　円　の収入印紙が必要。

❸

会社が使う代表的な預金口座には

◻◻◻　◻◻◻　◻◻◻　などがある。

❹

小切手は、振出日の翌日から　◻◻◻　に現金化する。

手形は、記載された支払期日を含めた　◻◻◻　に現金化する。

問題2　次の取引を仕訳してください。

社員Aの1か月分の経費合計1万5000円を、
振込により支払った（経費精算書は事前に受け取り、帳簿に未払計上済み）。

借方	貸方

パート3（1か月ごとの仕事編①）　「売上」と「仕入」の管理

問題1 空欄に適切な言葉を入れてください。

①

● 売上管理の流れ

商品への問い合わせを受ける → ⬜ を出す → 受注する → ⬜ する

→ ⬜ を発行する → 売上、売掛金の計上 → 入金確認

● 仕入管理の流れ

商品への問い合わせをする → 見積書を受ける → ⬜ する

→ 商品が納品される → ⬜・⬜ する → 代金の請求を受ける

（請求書の受け取り）→ ⬜、⬜ の計上 → 支払手続き

②

消し込みとは、売上の入金や仕入の支払いを確認したとき、

計上していた ⬜、⬜ を帳簿上で相殺すること。

③

法律による書類の保存期間は、

決算書類は ⬜ 年、帳簿は ⬜ 年、証ひょうは ⬜ 年。

問題2 次の取引を仕訳してください。

5万円（税込）の商品Aを販売し、代金は掛とした（売上の計上）。

借方	貸方

183

パート4（1か月ごとの仕事編②）「給与計算」と「年末調整」

問題1 空欄に適切な言葉を入れてください。

①

毎月の給与から差し引く、代表的な「法定控除」には、 [　　　　　] 、

[　　　　　] 、 [　　　　　] 、 [　　　　　] 、 [　　　　　] がある。

②

社会保険料は [　　　　　] の提出、

労働保険料は [　　　　　] により、年に一度改定される。

③

年末調整後、 [　　　　　] までに、市町村へ [　　　　　] 、

税務署へ [　　　　　] ＊を提出する。

＊給与が 500 万円を超える人などがいる場合。

④

毎月の給与の源泉所得税は、社員の [　　　　　] の人数と [　　　　　] を

控除した後の給与の金額を「源泉徴収税額表」に当てはめて求める。

問題2 次の取引を仕訳してください。

Aさんの給与を計算した。給与金額は 30 万 5000 円。社会保険料 4 万 5000 円、雇用保険料 2000 円、所得税 5000 円、住民税 1 万 5000 円を差し引き、支給額は 23 万 8000 円となる。給与は翌月 25 日に支払いをする。

借方	貸方

184

パート5（1年ごとの仕事編）　「決算」の流れと「決算書」

巻末付録②　経理の仕事・おさらい編

問題1　空欄に適切な言葉を入れてください。

❶

決算整理の代表的な業務には、

〔　　　　　　　〕、〔　　　　　　　〕、〔　　　　　　　〕、〔　　　　　　　〕がある。

❷

棚卸によって〔　　　　　　　　　〕が確定する。

これにより〔　　　　　　　　　〕を計算できる。

❸

引当金は、〔　　　　　　　　　〕に備えるために計上する。

❹

法人税の税率は〔　　　　　　　〕%、ただし資本金1億円以下の会社で、

所得が〔　　　　　　　〕円 以下の部分は〔　　　　　　　〕% となる。

問題2　次の用語を簡単に説明してください。

損益計算書　〔　　　　　　　　　　　　　　　　　　　　　　〕

貸借対照表　〔　　　　　　　　　　　　　　　　　　　　　　〕

重要キーワードさくいん

本書に登場する、さまざま経理キーワードのさくいんです。
「この言葉どういう意味だっけ」といったときに引いてみてください。

あ

預り金	132
洗い替え法	157
一般課税方式	179
印鑑	22
印紙税	53, 54, 180
裏書	79, 81
売上	88, 92
売上原価	152
売上総利益	165
売掛金	89, 92, 112
営業利益	164
益金	174
お札の数え方	21

か

買掛金	94, 96
外形標準課税	175
介護保険（料）	122
会社代表印	23
角印	23
確定申告	176
掛け取引	89

貸方	32
貸倒引当金	156
課税事業者	100
株主資本等変動計算書	163
株主総会	148, 162
仮受金	63
借方	32
仮払金	66
簡易課税方式	101, 179
勘定科目	34, 36, 38, 40, 42
間接法	154
期首	149
期末	149
キャッシュフロー計算書	163
給与支払報告書	142
給与所得者の扶養控除等（異動）申告書	140
給与所得者の保険料控除申告書兼 給与所得者の配偶者特別控除申告書	141
給与明細書	120, 132
銀行印	23
金種表	51
繰延資産	157
契印	23
経過勘定	151, 158

186

経常利益	165
経費	64, 66, 68, 70, 72, 74
契約書	19
消印	55
消し込み	92
決算書	162
決算整理	150, 160
決算日	148, 150
月次決算	108, 110, 150
減価償却（費）	74, 151, 154
現金過不足	83
現金実査	50
現金出納帳	37, 56
健康保険（料）	122
源泉所得税	126, 138, 142, 176
源泉徴収	126, 134, 138
源泉徴収税額表	126
源泉徴収票	142
源泉徴収簿	132
合計請求	90
交際費	70, 72
厚生年金保険（料）	122
小切手	76, 80
小口現金	50
5000円基準	73
固定資産	74, 154
固定資産／負債	166
固定資産税	180
固定資産台帳	74
個別注記表	163
ゴム印	23

雇用保険（料）	124, 134, 136

さ

債権管理	112
差額補充法	157
残業手当	120
残高の不一致	82
算定基礎届	130
仕入	94, 96
仕入先元帳	96
事業年度	149
資産	36
試算表	110
実地棚卸	152
自動車税	180
支払証明書	65
支払調書	143
社員の年齢	144
社会保険（料）	122, 130, 134, 136
収益	42
収入印紙	53, 54
住民税	128, 136
出金伝票	58
主要簿	24
純資産	38
償却率	154
消費税	98, 100, 168, 178
証ひょう	18, 106
賞与	134
賞与引当金	156

187

ショートカットキー	114	直接法	154
所得税	126, 176	賃金台帳	132
書類の保存期間	106	通知預金	61
仕訳	32, 34, 36, 38, 40, 42	月割経費	109
仕訳帳	24	都度請求	90
随時決定	130	定額法	154
数字や金額の書き方	20	定期預金	61
捨印	23	定時決定	130
請求書	19, 90	定率法	154
税込方式	98	手形	78, 80
税抜方式	98	電卓	44
税引前当期純利益	165	伝票	58
線引小切手	80	当期純利益	165
総勘定元帳	24	投資その他の資産	74
損益計算書	163, 164	当座預金	61
損金	174	登録免許税	180
		得意先元帳	92
		特定線引小切手	80

た

		特別徴収	128, 136
貸借対照表	163, 166	取引	30
退職金（退職所得控除）	137		
耐用年数	154		
立替経費精算書	68		

な

棚卸	151, 152	入金伝票	58
単式簿記	30	年度更新	131
地方法人税	173	年末調整	138, 140
中間申告（消費税）	179	納税スケジュール	168
中間申告（法人税）	174	納品書	19
注文書	19		
超過累進税率	177		
帳簿	24, 56, 62, 82, 92, 96, 132		

は

パソコン会計	102
非課税取引	98
引当金	151, 156
ビジネス敬語	26
費用	40
標準報酬月額	122, 130
ファイリング	104
不課税取引	98
複合仕訳	132
複式簿記	30
福利厚生費	71
負債	38
普通徴収	128
普通預金	61
復興特別所得税	176
振替伝票	58
振込／振替	61
不渡り	79
法人事業税	175
法人住民税	175
法人税	168, 173
法定控除	120
法定調書	143
保険料の改定時期	144
補助簿	24

ま

マイナンバー制度	170
前受収益	158
前払費用	158
未収収益	158
見積書	19
未払税金	160
未払費用	158
無形固定資産	74
免税事業者	100
免税取引	98

や

有形固定資産	74
預金口座	60
預金通帳	19

ら

流動資産／負債	166
領収書	19, 52, 54
労災保険（料）	124
労働保険（料）	124, 131

わ

割印	23

経理の仕事・おさらい編 【解答】

パート1 (P181)

問題1

1 単式　複式

2 増える　減る
減る　増える
減る　増える
発生する　減る
減る　発生する

問題2

（左上から右に）　4　1　5　2
4　3　4　1
2　1　5　4

パート2 (P182)

問題1

1 宛先　金額　発行年月日
ただし書き　押印

2 200（円）　500（円）

3 普通預金　当座預金　定期預金
（または通知預金）

4 10日以内　3日以内

問題2

借方	貸方
未払金　15,000	普通預金　15,000

パート3 (P183)

問題1

1
● 売上管理の流れ
見積書　商品を出荷　請求書

● 仕入管理の流れ
発注　検品・検収　仕入、買掛金

2 売掛金、買掛金

3 10（年）　10（年）　7（年）

問題2

借方	貸方
売掛金　50,000	売上　50,000

パート4 (P184)

問題1

1 健康保険料（介護保険料）
厚生年金保険料　雇用保険料
所得税　住民税

2 算定基礎届　年度更新

3 翌年1月末日　給与支払報告書
給与所得の源泉徴収票

4 扶養親族等　社会保険料

（右ページ上へ）

問題 2

借方	貸方
給与 305,000	未払金（差引支給額）238,000 預り金（社会保険料）45,000 預り金（雇用保険料）2,000 預り金（所得税）5,000 預り金（住民税）15,000

パート5（P185）

問題 1

① 棚卸　減価償却費の計上
　　引当金の計算　経過勘定の処理

② 期末時点の在庫の数量
　　売上原価

③ 将来発生するであろう費用

④ 23.9（％）　800万（円）　15（％）

問題 2

（損益計算書）当期1年間の経営成績を示す書類

（貸借対照表）期末時点の会社の財政の状態を示す書類

おわりに

この本を通して、経理の仕事がわかってきたかな？

基本がよくわかりました。会社にとって、経理がどれだけ大事な仕事なのかも実感しました。

すばらしい！　これから現場で経験を積んで、知識を増やし、コツをつかんでいけば、きっと会社にとっても、なくてはならない人材になれますよ。

ハイ！　がんばります。

チャレンジすることに喜びを見出して、楽しく仕事をすることも大切だよ。

これからも、ご指導をお願いします！

■監修者
アクタス税理士法人
代表社員　加藤 幸人（かとう・ゆきと）

■アクタスとは
アクタスは、税理士、公認会計士、社会保険労務士など約120名で構成する会計事務所グループ。オフィスは、東京の赤坂・荒川・立川および大阪の計4拠点。経営コンサルを提供する「アクタスマネジメントサービス」を中核に、決算申告・連結納税・国際税務などの税務コンサルを提供する「アクタス税理士法人」、評価制度・社会保険手続などの人事コンサルを提供する「アクタス社会保険労務士法人」、システム導入・業務改善などのシステムコンサルを提供する「アクタスITソリューションズ」の4つの組織が有機的に連携し、ワンストップサービスを提供している。URL: http://www.actus.co.jp/

■加藤幸人プロフィール
1989年税務会計業界に入る。97年、税理士登録。98年、現在のアクタスマネジメントサービス㈱の代表取締役に就任。現在はアクタス税理士法人の代表社員を兼務。「税理士は、接客・サービス・コンサル業」であるという考えにもとづき、お客様の立場で問題を考え、経営的な視点をもって税務会計のアドバイスを提供している。

■監修協力者　アクタス税理士法人　税理士　藤田 益浩
　　　　　　　　　　　　　　　　　　　　葛貫 貴子

● 本文デザイン　南雲デザイン
● 本文イラスト　成瀬　瞳
● 校正　　　　　ペーパーハウス
● 編集協力　　　オフィス201　横山　渉
● 編集担当　　　ナツメ出版企画（齋藤友里）

ナツメ社Webサイト
http://www.natsume.co.jp
書籍の最新情報（正誤情報を含む）はナツメ社Webサイトをご覧ください。

オールカラー
はじめてでもスイスイわかる！　経理「超」入門
けい り　ちょう　にゅうもん

2015年11月3日　初版発行
2016年 7月10日　第2刷発行

監修者　　加藤幸人　　　　　　　　　　　Kato Yukito, 2015
　　　　　（かとうゆきと）
発行者　　田村正隆

発行所　　株式会社ナツメ社
　　　　　〒101-0051　東京都千代田区神田神保町1-52　ナツメ社ビル1F
　　　　　電話　03-3291-1257（代表）　　FAX　03-3291-5761
　　　　　振替　00130-1-58661

制　作　　ナツメ出版企画株式会社
　　　　　〒101-0051　東京都千代田区神田神保町1-52　ナツメ社ビル3F
　　　　　電話　03-3295-3921（代表）

印刷所　　ラン印刷社

ISBN978-4-8163-5910-1　　　　　　　　　　　　　　　　Printed in Japan

本書に関するお問い合わせは、上記、ナツメ出版企画株式会社までお願いいたします。

〈定価はカバーに表示してあります〉
〈乱丁・落丁本はお取替えします〉

本書の一部または全部を著作権法で定められている範囲を超え、ナツメ出版企画株式会社に無断で複写、複製、転載、データファイル化することを禁じます。